「好き」を育てるモンテッソーリ・メソッド

見つける！伸ばす！幼児の潜在能力

松村禎三

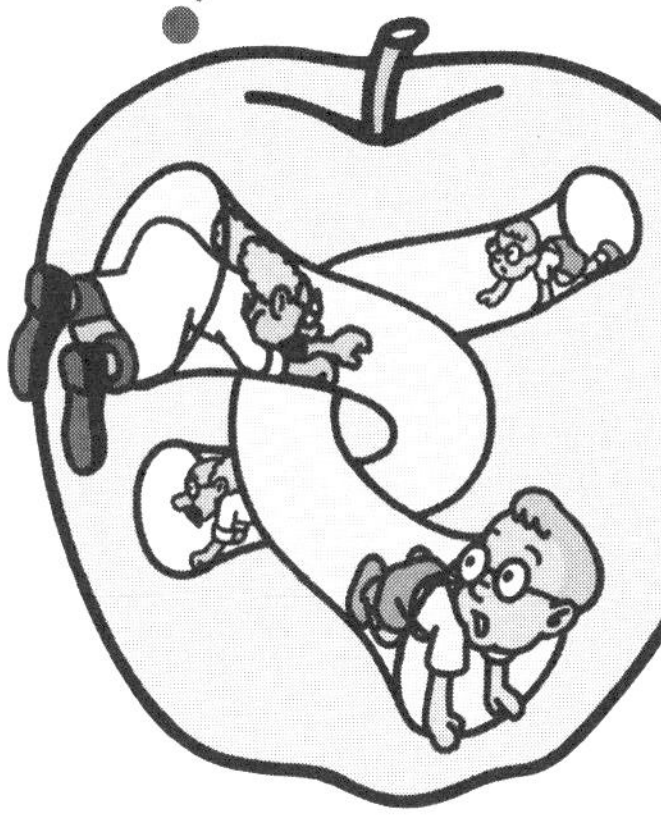

出版館ブック・クラブ

カバーイラスト　川端英樹
ブックデザイン　熊澤正人＋熊谷美智子（パワーハウス）

はじめに

その時、親は何をすればいいのか

三十数年、「子どもの家」で子どもたちを預かってきて、私はいつも、子どもたちがその内に秘めているパワーに、目を見張る思いをしてきました。

パワーと言っても、重い物を持ち上げたり、相手を打ち負かしたりするパワーではなくて、子どもが内に持っている集中力、持続力、創造力のことです。

子どもたちはみんな、どの子どももそのような内なるパワーを生まれながらに持っているのだと、新しい子どもたちを受け入れるたびに、感心させられるのです。

年中児のたかし君は、なぜか室内を走り回ることが好きです。毎日登園すると、ひとしきり、人や物にぶつからないように、うまく通り抜け、室内を走り回ります。

彼の足音が聞こえなくなったと思った頃には、机に向かって、さかんに折り紙を折っている姿が見られます。彼の得意中の得意は、「しゅりけん」です。この活動の時は、黙々として、目は輝いています。必ず十個の手裏剣が完成します。作品が百個になった時、壁画として「色相環」という大作になりました。

小学一年生の七星ちゃんは、「夏の折り紙会」に、友達の美優ちゃんに誘われて参加しました。カッターによる「切り絵」に魅了され、一週間、毎日毎日 切り絵に集中しました。たくさんの作品が出来上がりました。彼女の指には、「カッターだこ」が出来ました。右手は、しびれてしまいました。でも学校では出合えなかった、楽しいことの発見に大満足です。

こうして、子どもたちは持って生まれた集中力、持続力、創造力を自分で伸ばして成長していきます。

それでは、その時、親は何をすればいいのでしょうか。

子どもが一人で、好きな活動を好きなだけやれるように、適切に助けてあげることです。

このように文章にすると、何でもないことのようですが、この「適切に」ということが、けっこうむずかしいのです。

子どもがやりたい活動ができるように親が援助してあげる時、親が子どもの要求を先取りして、あまりあれこれやってあげると、子どもは意欲をそがれてしまいます。これが、今はとても多いように思います。これをすると、子どもの潜在能力は芽を出す前につぶされてしまいます。

親は先回りしないこと、そして子どもの活動に過剰に介入しないことです。子どもの活動の邪魔をしないで、そっとしておいてあげることです。そして子どもが何かしてほしいと言ってきたり、そんな様子を見せた時には、それに快く応えてあげることです。

一例をあげましょう。

一人通園を始めた百合ちゃんは、券売機にお金を入れることはできますが、行き先のボタンを押すことができません。そのボタンまでは百合ちゃんの手が届かないのです。

それを百合ちゃんから聞いたお母さんは、菜箸の先に丸いボールをつけたものを作って、百合ちゃんに持たせました。百合ちゃんは券売機の前で、バッグからその菜箸を取り出して、しっかりと行き先のボタンを押すことができるようになりました。

「適切な」手助けの一例です。

子どもは自分の内から湧いてくる力に促されて、自分の力で、望みのことをしたいのです。でも、子ども一人ではうまく始められなかったり、始めても障害があると、先へ進めなくなることがあります。

その時がお母さんの出番です。

子どもが邪魔されることなく、内なるパワーに導かれて一つのことに取り組む時、その集中力はすばらしいものです。大人はとてもかないません。

すばらしい熱心さで集中的に物事を吸収し、自分の身につけていくこの幼児期に、適切な手助けをしてあげるのは、親の大事な仕事です。

子どもが生まれながらに持っている潜在能力を見つけ、伸ばすために、お母さん、お父さんにぜひ本書を活用していただきたいと思います。

もくじ

第2章　子どもの潜在能力を開花させる「お母さんの知恵袋」――発達段階を追って

第3章　遊びながら言語と数を覚える

第1章　子どもは豊かな「能力」を持って生まれてくる

１　子どもの生命のエネルギーを信じて

一歳半から、お母さんと毎週土曜日の午前中に私の教室に通ってきては、他のお友だちの活動をじっと見ていたのは、四月生まれの舞ちゃんです。

二歳になる前から、彼女はチョキチョキ（はさみで切る活動）を始めました。最初は、短冊形に切った長方形の少し硬い紙を切ります。一回で切り落とせる幅のものです。繰り返し、繰り返し同じ活動を続けます。お家に帰っても、繰り返していたようです。

そのうち、少しレベルアップして、一枚の折り紙を二つ折りにし、片方に花や動物などの具象が描かれた左右対称の図の切り絵へと進みました。

毎回、彼女の切る活動は、疲れを知らない職人のように続けられます。そして十枚以上の切り絵を仕上げてしまいます。それもごく短時間にです。彼女の集中力には、大人も負けます。

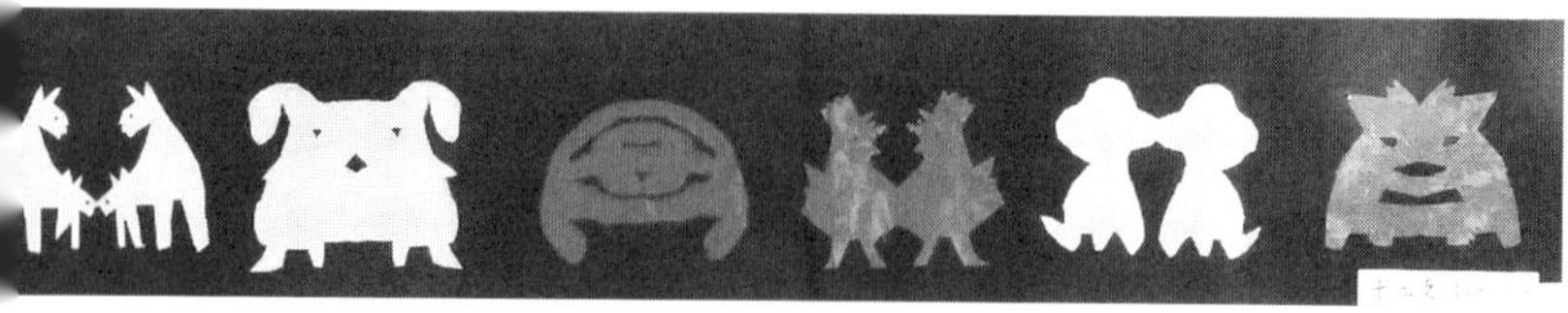

十二支の切り絵

「もう、やめない？」

「……………」

彼女は、黙々と切り続けます。たくさん作品ができると、大きな画用紙に、一枚一枚ていねいに「のり貼り」をします。そして、完成品を持ち帰ります。

お母さんも、教師も彼女の積極性と自分の興味への集中力を暖かく見守ってきました。決して、「もうやめなさい！」とは言わないで……。

「やった！　できた！」とお母さんも一緒になって、彼女の達成感を祝してきました。舞ちゃんの心の中には、大きな自信が一歩一歩育ってきました。

最近では、十二支をみごとに切り上げました。作品は、ずっと教室に飾られています。

子どもが同じ活動を繰り返す現象は、子どもが発達する時に、

必ず現れる現象です。今日では、二歳半までに多く見かけられ、三歳になるとその現象は少なくなります。

昔は、三歳以上にも多く見られた現象です。子どもたちは、繰り返すたびに、新しい工夫や発見をしているようです。子どもは、心の中を見せてくれませんが、この現象は、「自己創造」の現れと理解されています。ですから、子どもが同じ活動を何度も繰り返す時は、大人が邪魔しないで、そっとして、その活動を続けさせてあげましょう。

その活動が終わった時に、子どもの満足した笑顔がそこにあれば、あなたは、大きな自信を子どもの心の中に作ってあげたことになります。

忙しさのために言うお母さんの一言「もうやめなさい。早く片づけて！」は、子どもの心を傷つけ、自信を失わせ、繰り返す活動への集中力を消失させてしまいます。

自分のしたいことへの集中力が、大人の一言によって崩される時、子どもの心は、寂しさで一杯になります。自信や希望が姿を消し、意欲のない状態になります。

しかし、子どもは不滅です。少し時間をおくと、子どもは自分の興味のあるところへ帰っていきます。そこで集中力を養い続けるものです。子どもの限りない生命のエネルギーを信じて子育てをしましょう。

大人が過敏になりすぎないことです。心配することよりももっと大切なことは、上手に子どもの活動を「ほめてあげる」こと、この一点だけです。

手のひらのことば

●１●

子どもには、できるだけ肯定的な態度と言葉がけで関わりましょう。

否定的な言葉は、子どもの自信を失わせ、意欲を消してしまいます。

プライドの強い子は、反抗的になります。

肯定的な言葉がけで、新しい提案がある時、子どもは自分が認められたと感じ、独り立ちした人間のような自信を覚えます。

「この難しいところが上手にできたね。これができたのなら、次にあれをやってみるのはどうかしら」

お母さんのひと工夫の言葉がけが、子どもの伸びる方向を決めていきます。

2 「好き」は個性が育つ泉です

私が主宰する「子どもの家」に通ってくる二歳児に、最近「○○おたく」が多くなってきました。智希くんは「サメおたく」、朋晃くんと楓太くん、晃くんは「電車おたく」、玲くんは「パズルおたく」です。不思議なことに、男の子に多く見られます。女の子もよく観察すると、穂奈美ちゃんは幾何図形を描くことから、月ちゃんは、前日の報告や好きなお話をたくさんすることから、主美華ちゃんは決まって本を読んでもらうことから一日の活動が始まっています。

子どもには、「自分の好きなところ」から始めるという法則があります。どんな子どもにも、誕生と共に「好き嫌いの能力」が与えられているようです。成長と共に少しずつ形を決めてゆきます。「自分にとって最も快い」ところは、リラックスできるところです。この「火」を消さないでほしいのです。子どもの個性は、

「自分の好みのところ」に育ちます。「好き」は個性が育つ泉です。「自分の快」が保障される時、子どもには安心と集中が現れます。

時々お母さんは、放置しておくことに心配になり、言葉を投げかけ、介入してゆきます。

原則的には、そっとしておいてあげましょう。

ただし時として、子どもは自分の世界から出られなくなることがあります。

何時間も同じ遊びを続けて、終えることができない時は、手伝ってあげる必要があります。お母さんは放置しておくのではなく、よく観察して、見守ってあげることです。そうすれば、子どもが今どんな状態なのか、お母さんの手助けが必要なのかどうかが分かります。

母親の感覚に自信を持ってください。どんな教師よりも、お母さん、あなたの子どもへの感覚は確かなのです。なぜなら、あなたは子どもの「ただ一人のお母さん」だからです。

「おたく現象」から、少しずつ種々の関係性を加え、社会性へと導くことは、お母さんの大事な仕事の一つです。子どもが生活する周囲のいろいろなことに興味を示すようにリードしてください。

「子どもの家」ではさみを使うことに興味を覚えた譲君は、園から帰ると、自分の作業箱を取り出し、好きな紙を選び、ひたすら切り始めます。彼の世界に入り込んでいきます。時々何か独り言を言っています。笑い声が聞こえ、誰かと話しているようです。お母さんがのぞいてみると、みごとに切り取られたキャラクターが何人も並んでいます。お互いに叫びあい、戦っているようです。放っておくと二時間ほど一人で過ごしています。お母さんは、彼の様子を時々のぞき、あまり長時間の一人遊びが続く時は、お買い物に譲君を誘い出します。

それは、譲君の世界から現実へ引き戻すためです。子どもはファンタジーの中に遊ぶことが好きです。「おたく」の子ども達も、しっかりと自分のファンタジーの世界を持っています。

しかし、時々現実に戻してあげることは大切です。お母さんが子どもの一人遊びを長時間放置しておくと、いわゆる「自閉症気味の子」になる心配もあります。

譲君が「子どもの家」で電車遊びをする時、一人で十分に遊ぶことができません。必ずお隣に誰かが近寄ってきます。譲君は自分の使っている電車を取られないようにガードに入ります。

少し見守っていると、近づいてきた朋晃君と二人で遊んでいます。少々ぎこちない遊びですが、仲間がいると、自分だけの世界というファンタジーに浸っていることは許されません。

今お隣にいる朋晃君と二人で遊ぶという現実に生きることになります。

このようにして、「おたく現象」から少しずつ社会性と現実感が育っていくことになります。他者が、一人の子どものカラを破ってくれるのです。ですから、二人で遊ぶことはとても大切なことです。この時期には、決して三人で遊ばせないでください。三人だと、必ず無視や疎外を味わうことになるからです。

＊　＊　＊

大人の生活リズムにつきあった子どもは、帰宅するとテーブルの下や自室に入って、好きな汽車や車で一人遊びをします。遊び終わって、笑顔で現れる時は安心です。

子どものリズムは、時々大人に乱されるからです。そんな時、子どもは一人遊びで自分のリズムを取り戻します。ですから、自分の子どもの生活リズムに気をつけてあげることは、とても大切なことです。

3「快の法則」

私は第一子誕生後、七年して第二子の誕生に恵まれました。それも驚いたことに男女の双子の誕生でした。

双子達は、同じ日に、同じ母親から生まれたのに、性格や好みはまったく異なります。お腹の中の動きそのものも異なっていたようです。

人の子は、出生以前、お母さんのお腹の中にいる時から、それぞれの個性を持っていると考えられます。双子達は、同じ時間に、同じ牛乳を飲み、同じ離乳食で育っても、少し大きくなると、男の子は野菜を好み、女の子は肉類を好むようになりました。双子用縦列乳母車でのお散歩の時も、辻々で男の子が右へと言えば、女の子は左へと主張します。食べ物の好みだけでなく、好きな色も好きな遊びも、男女の性差を超えて、それぞれ好みが異なるのです。

双子ですらこのような状態ですから、年齢の異なる兄弟、姉妹では、さらに好みの差は顕著に現れてきます。

＊＊＊

子どもが「快い」とすることとは、往々にして大人の気持ちを逆撫でしたり、イライラさせることが多いものです。子どもには、大人の都合はまったく頭にありません。しかしそれが、子どもの特質の一つです。

子どもは、「今」に生きる人間であって、低年齢ほど、未来も過去もありません。だからこそ、親から投げかけられる現在のあらゆる状況を受け入れ、そこに生きることができるのです。

今を精一杯生きる子どもには、二つの側面が見られます。これは、子どもの能力を発見するための手がかりとなります。キーワードは「リズム」と「好きなこと」です。

●その子のリズムを守ってあげる

あなたのお子さんは、

「のんびりやさんですか」

「せっかちやさんですか」

と、お母さんに問いかけることがあります。多くは、問うまでもなく、一目瞭然です。


田舎の子、都会の子に関係なく、現代は「せっかちやさん」が多くなってきました。考え、判断する前に、歩き出している子どもが多々見られます。大人の社会が「早く早く」をよいこととする傾向のためでしょう。

この流れの中にあっても、ゆっくり自分のリズムを守り続ける「のんびりやさん」がいます。自分の所作にこだわり、周囲の大人や友人をイライラさせます。

この二つのタイプを個性として受け入れることが、親がしなければならない第一の仕事です。

子どもの能力という鉱脈の一部が現れたところです。「せっかちな子」を「のんびりな子」にしてくださいと頼まれても、本人自身による変身以外に、変えることは不可能な世界です。強力な鉱脈です。

＊＊＊

この子どものリズムは根の奥底に存在し、成長と共に少しずつ変化してゆきます。生涯そのままのリズムで生きてゆくことはありません。しかし、低年齢の時期にはその子の持っているリズムを守ってあげるのが、親の第一の仕事ではないでしょうか。せめて十歳まで、その子のリズムを守ってあげることができれば、子どもは自分の鉱脈（個性）を認識し、自信を持って自分に特有の潜在能力を掘り出すことができることでしょう。

その子独自のリズムを守ってあげることは、子育ての基礎工事の中で一番大切なことの一つと言えるでしょう。

●「好き」から始める

登園すると、第一声で「カッターしたい」と毎日言う四歳の順君。デザイン・カッターを使い、恐竜やウルトラマンを切り抜く活動をします。

初めは、カッターも弱々しく握っていました。毎日毎日続ける間に、右手に力が満ち、カッターもしっかり握れるようになりました。何度も繰り返し切っていた線も、一回で力強く切ります。曲線も上手に切れるようになりました。

好きだから、毎日毎日繰り返すことができるのでしょう。そして一歩一歩自信ができてきます。お家に持ち帰っては、二歳年上のお姉さんに報告します。彼女の「順はカッターが使えていいな」というほめ言葉が、順君の自尊心をくすぐります。

ふと気がつくと、順君は筆圧のある鉛筆書きをしています。鉛筆が上手に持てるのは、あのカッターの活動の結果だったのです。

＊　＊　＊

昔から「好きこそものの上手なれ」と言います。子どもの示す「好きなこと」は、潜在能力を発見するための鉱脈の一つです。このことは、「おたくを認める」ことにも通じます。

実例を一つあげてみましょう。

三歳で「子どもの家」に入園してきたアレックス君は、父が英国人、母が日本人、兄と妹のいる五人家族です。とても信仰の強いクリスチャン一家です。

アレックス君は、登園の最初から自分の好きなものを探し続け、ミニチュアの自動車を発見します。

三〜四十台の自動車がプラスチックの箱に入っています。彼は、来る日も来る日も、その自動車で遊び続けました。見学しているお母さんは、毎日同じ遊びを続ける彼を微笑みを持って見守っていました。

アレックス君の遊びの満足具合を見守っていた先生は、ある日彼の前に大きな大きな紙、畳一枚ほどの広さのものを広げました。そこには駐車場の絵があります。

入り口と出口に建物があり、十個ずつ区切られた駐車場が、いくつも描かれていました。よく見るとその区切りの中に1から10、11から20……と数字が書いてあります。

駐車場遊び

その日からアレックス君は、大好きな自動車を一台ずつ駐車場に入れる遊びを始めました。

初めは数字が十分に読めずに、好きなところに好きな車を入れてゆきます。

ある日、アレックス君は、他の活動で吸収した1から10までの数字に気づきます。

そして、駐車場の入り口で並んでいる自動車を、1から順番に区切りに入れてゆきました。車を並べることで、1から10までの序列を完成させていったのです。

彼の活動は、11から20まで、21から30まで……と、100までの数へ瞬く間に到達しました。

この遊びと平行して、数への興味と活動

は拡大してゆきました。小学生になって、アメリカンスクールに入学した彼は「数の天才」と言われるほどになりました。得意科目は、もちろん「算数」です。「数博士」誕生の出発点には、「おたく遊び」があり、それがだんだん広がり、成長し、実ったのです。

「好き」から始める――これがモンテッソーリ・メソッドの大原則です。

＊　＊　＊

「好きなこと」は、子どもの成長と共に変化、発展してゆきます。自分を取り巻く環境に目覚める度合いによって、変化します。

年齢が上がると、学習によっても強く影響されてきます。学校の学習よりも、人との、専門家との出会いによる影響の方が強いと言えるでしょう。

子どもたちが工事現場に引きつけられるのは、このような出会いの一つです。

医師やスポーツ選手の中には、幼児期に出会った人や事柄に強く影響され、大きな夢、目標を持ち続け、あこがれの医師やスポーツ選手になった事例がたくさんあります。

あなたのお子さんが、「快い」とすることをまず守ってあげてください。

「またなの。しつこいわね。ほどほどにしてよ！」

と言わないで、子どもの好きなことを受け入れてあげてください。「繰り返す」ことの大切さを理解し、子どもが集中力を養うチャンスを取り上げないでください。好きだからこそ、集中力が養われるのです。大きな大きな金の鉱脈ではないでしょうか。

手のひらのことば

・２・

あなたは、だれかから「早く早く」とせかされたり、あれこれと先取りの指示をされ、イライラしたり、やる気を失ったことはありませんか？

大人と子どもは根本的にリズムのちがった、別の存在であることを理解しましょう。子どもはずっとゆっくりなリズムで生きているのです。

子どものこんな特徴が分かると、あなたの言葉や行動が、やさしくなり、子どもにどう手助けしたらよいのか、あるいは今は手を出さない方がよいのかが分かるようになります。

4 子どもを導く「内的パワー」

三歳のお誕生日が間近になった夏美ちゃんに、赤ちゃんが誕生しました。妹の出産に、お父さんと一緒に彼女も立ち会いました。病院でなく、産院での出産でした。

夏美ちゃんは、妹の名前を自分でつけたいと両親に提案しました。「クルミ」と名づけました。彼女は、親戚の皆にそのことを第一に報告して回りました。

＊＊＊

クルミちゃんは、お母さんのオッパイをよく飲み、どんどん大きく育ちます。

「ほ乳類」とはよく言ったものです。人の赤ちゃんは、お母さんの血液である母乳を吸収して、大きく育っていきます。母乳のほかに、赤ちゃんにとって大切なものは、お母さんのスキンシップです。

時には、赤ちゃんはお母さんの顔をじっと見つめます。またある時には、お母さんの姿を目で追います。兄や姉がいる家庭では、赤ちゃんのこの反応は、早くから始まります。

少しすれば笑顔を見せ始めます。人の語りかけに、笑顔を返してくれます。

指しゃぶりが始まり、寝返りができるようになると、赤ちゃんの活動は、爆発的に激しくなってきます。

お座りができ、コロリと横に転がります。あっと言う間に、ハイハイとつたい歩きが進み、一語の発生が始まります。

二足歩行ができる頃には、種々の音声が出てきます。

人の子は他の動物に比べ、「早産で未熟児」として生まれてきます。それだけに、誕生後の成長は類を見ないと言えます。

●環境に適応する能力

クルミちゃんは、ひ弱な状態でこの世界に誕生しました。お母さんの母乳がなければ生きられないほどです。お母さんの「抱っこ」がなければ不安で不安で生きてゆけません。

姉の夏美ちゃんの子育ての時と違って、第二子のクルミちゃんの子育ては、お母さんに心のゆとりがあります。「赤ちゃんへの信頼」があります。

赤ちゃんは自分の周りの人や環境、そして話される言葉等々、あらゆることを、ゆっくり時間をかけて、自分の中に「吸収」してゆきます。

お母さんの顔をじっと見つめ、お父さんや姉を見つめ、室内のものを見つめ、一つ一つ自分の中に吸収してゆきます。吸収されたものは、赤ちゃんの脳にしっかり記憶されてゆきます。

手足の動き、体全体の動きと共に、吸収された記憶は、脳の発達を促し、前頭葉を発達させます。赤ちゃんの内にある「吸収する精神」の働きです。

ヒトは、「人間」になり、環境に適応する存在に育ってゆきます。

＊＊＊

お母さんがクルミちゃんの子育てにあまり不安がなかったのは、実は、赤ちゃんが自分に必要なものを自分で吸収していくという「吸収する精神」の働きを第一子の夏美ちゃんの子育てで、体験していたからです。

赤ちゃんの生命の働きであるこの能力は、生涯働き続けます。

この「吸収する精神」の働きで、何を自分に必要なものとして吸収するかは、個々人まちまちで、だから個性が生まれることになります。

吸収精神は好奇心を生み、個性を確立してゆきます。赤ちゃんの時代だけでなく、学童期（小学生時代）、大人になってもこの「吸収精神」は、生涯働き続ける能力です。

「吸収する精神」とはマリア・モンテッソーリ〔注〕が使った言葉です。

〔注〕幼児が自ら成長しようとする力に注目し、その潜在能力を最大限に伸ばす教育方法を考案し、実践したイタリアの天才的な幼児教育研究者。（一八七〇〜一九五二）

●自分を創造する能力

十カ月になったクルミちゃんはまだ歩けません。つたい歩きができるようになり、二足歩行まではあと少しです。彼女は最近、大人の話す言葉の最後の音を発するようになりました。

「ありがとう」が「とう」

「ごめんなさい」が「ん」

「どうぞ」が「ぞ」

十分に日本語が発音できないのに、赤ちゃんは会話に参加してきます。

また度々、抱っこされては、指さし行為によって、大人を誘導します。

赤ちゃんは機能的にはまだ話すことができない時期に、もう話し始めているのだと考えられます。

赤ちゃんには、環境を吸収する精神の働きと共に、もう一つ吸収したものを自分の血肉にする「自己創造」の能力があるのです。

吸収されたものは脳の中に記憶され、自己自身の創造に結実してゆきます。吸収されたものが血肉となって、その子自身を形成するのです。

個性の誕生です。

たとえば、人は自分の家族を愛し、深い絆を持ちます。生涯にわたり家族を大切にします。

また、自分の誕生した場所、育ったところ、風土を好みます。

外国に行くと、日本がこよなく懐かしく感じられます。また、自分の母国語（日本人なら日本語）、育った地方の方言を好み、生涯にわたり消えることがありません。

これらは、自分自身を創造する能力の働きの結果です。

心理学では、「すりこみ」と言います。すりこんだものは、生涯消えることなく、その人格の成長と共に歩みます。赤ちゃんは、すりこまれたものを自分の血肉とする「自己創造の能力」を持っているのです。

吸収し、創造する赤ちゃんの持って生まれた潜在能力にクルミちゃんのお母さんは出会ったのです。

●どの子も持っている潜在能力

あんよが上手になり、二歳のお誕生日を迎えたクルミちゃんは、突然多くの言葉を話し始めましたが、まだ日本語としては十分ではありません。たくさんの名詞（物の名前）を知っています。何かをお願いすると、「ハイ」と言って、指示した物を持ってきてくれます。姉の夏美ちゃんと一緒に、色紙をのりづけしたり、小さなビーズを通して指輪を作るのが大好きです。お母さんは、二人のいろいろな要求に応えるのが大変です。二人のやりたいことはどんどん増えてゆきます。

「吸収する精神」や血肉化する「自己創造の精神」は、人が誕生と共に携えてきた「人間の潜在能力」と言えます。イタリアの幼児教育の先駆者であるマリア・モンテッソーリは、それを「生命の衝動」と名づけています。

人類がそのＤＮＡの中に残し、伝えてきた「ヒトの潜在能力」が、「生命の衝動」

力です。

と言われるものです。吸収精神や吸収して血肉化する精神の働きの根底に存在する能

クルミちゃんのお母さんは、このことを子育ての中で、赤ちゃんの持っている「内的パワー」として感じ取りました。赤ちゃんだけでなく、人が生涯持ち続ける「内的パワー」として理解しました。どの子も持っている潜在能力と言えます。

生命の進化の歴史（三六億年）を貫く生命のパワーは、人の潜在能力として与えられ、人に内在しています。この内的パワーをどんどん大きく育て、邪魔しないことが、子育ての第一歩であるとお母さんは悟ったのでした。

「早く早くを嫌う、子どものリズム。

命令されると、反抗するプライド。

何度も、繰り返すことへの執着。

好きなことには、夢中になる集中力」

これらは、この内的パワーのなせるわざだったのです。この内的パワーは、子どもを前へ前へと駆り立てます。

「もっと、大きく

もっと、知りたい
もっと　やりたい」と。

赤ちゃんを一人前の人に成長させ、人を生涯の終わりまで導き、勇気づけ、活かすパワーです。

＊＊＊

人の生涯に働き続けるこのパワー。大人の都合で、その働きを封じていないでしょうか。今少し自分の子どもの中に、観察してみましょう。

親子の争いが多い時は、きっとこのパワーを大人が封じ込めています。

内的パワーを解放し、子どもの好みとリズムを守る時、その子の潜在能力が働き始めます。子どもの生命のパワーを信じるクルミちゃんのお母さんには心配がありません。なぜならこの方法を教育の基本に据えて、実践し、よい効果を上げたマリア・モンテッソーリという教育者がいるのを知っているからです。

マリア・モンテッソーリは世界で唯一この内的パワー（潜在能力）を認め、教育と子育てに取り入れ、実践した人です。

手のひらのことば

3

子どもは、「自分の興味あるもの」とか「自分はどこがユニークなのか」ということを自ら発見することが大切です。

小さな集団に参加するようになるに従い、他の子どもと自分を比べることによって、少しずつ自分のユニークな点の認識ができます。この自覚は子どもの成長のために欠かせないものです。

自分の性格を発見し（せっかちさん、またはのんびりやさん）、自分の興味のある点は、特別であると感じること。そして、その特別な資質を両親に認めてもらうことは、子どもを大きく前進させ、自信を作ります。なによりも心の安定を作ります。

第2章 子どもの潜在能力を開花させる「お母さんの知恵袋」

―発達段階を追って―

人の子は他のどの動物の赤ちゃんよりも早産で、未熟児としてこの世界に誕生します。そして、誕生後、「内的パワー」によって環境を吸収し、血肉化し、一人前の人になるという大変な仕事が、準備されています。

その仕事のために、必要な能力を携えてきていることも分かっています。幼児が持っている潜在能力です。親は子どもが持っているその能力を開花させるために、どのような関わりをすればよいのでしょうか。子どもの発達段階と共に見ていきましょう。

1　安らぎと快い刺激を　【０歳】

●語りかけとスキンシップ

一恵ちゃんの誕生と共に、お母さんとしての仕事、子育ての仕事が始まります。女性は妊娠と同時に、十カ月という時間の中で、自らの体で、胎内の子どもの成長を感じ取り、一日一日と母への修行を行います。

出産という峠を越えると、授乳、抱っこ、おむつ交換などの赤ちゃんの世話を通して、新しいかかわりが始まります。

それに比べると、男性はなかなか「父親」になれません。

妻と共に、新しい生命の誕生を待ち望み、その出産を共に喜ぶ時、「俺も父親になったのだ」と自分に言い聞かせます。

恐る恐る両手に我が子を抱いた時、この自覚は、身体的認識として吸収されるのです。この時、父親の体の中で何かが起こるのです。人類の誕生以来、ＤＮＡの中に組み込まれて連綿と受け継がれてきた父親としての自覚が目覚めると言ってもよいでしょう。

ですから、お母さんはできる限り、父親を子育てに参加させてください。子育ては夫婦、あるいは家族みんなでするものです。赤ちゃんが生まれたら、お母さんはできるだけ数多くお父さんに赤ちゃんを抱かせましょう。上の子がいたら、上の子にも抱かせましょう。

なぜなら、幼い子の世話をすることによって、お父さんの中にも、潜在能力が蘇ってくるからです。そして一歩一歩、父親の自覚ができてゆくのです。

＊＊＊

一恵ちゃんのお母さんは、以前は保育士として私立の保育園で働いていました。第一子の妊娠と共に、仕事は退職することになりました。

お母さんは妊娠と分かると、胎児に名前を付け、毎日毎日、「一恵、一恵」と話しかけ始めました。そのうち、お父さんも同様に「一恵、一恵」とお母さんのお腹に向かって話し始めました。

二人の若い夫婦にとって、一恵ちゃんの誕生はどんなに待ちに待ったことであったか知れません。両親や、家族に喜び迎えられる赤ちゃんの出産は、何と幸せなことでしょう。

ヒトの子の誕生は、周りの多くの人々に喜び迎えられるのが、人間社会の自然なあり方です。例外として、喜び迎えられない赤ちゃんの誕生もあります。何と悲しいことでしょう。

最近は、この悲しいケースが多くなってきました。人間の社会がどこかおかしく、狂い始めたようです。

＊＊＊

一恵ちゃんのお母さんのテレパシーは、的中しました。女の子の誕生で、名前はそのまま「一恵」となりました。誕生と共に、お母さんもお父さんも時間の許す限り、赤ちゃんへ語りかけをしました。

お母さんは、母乳で育てることに決めました。それは、少しでも多く赤ちゃんにスキンシップをしてあげたいからです。何よりもそれが、子育ての自然の姿と思えたからです。

オムツの取り替えの時も授乳の時も……眠っている時以外は、赤ちゃんへ語りかけます。オムツ交換の時は、わらべうたを加え、全身体操も入ってきます。一恵ちゃんの動きは、日に日に活発になっていきます。

お父さんは赤ちゃんの顔だけでなく、体中をキスします。赤ちゃんを食べてしまいそうです。

一恵ちゃんのお母さんは、幸いに母乳が出ました。お母さんの中には、母乳が出ないで断念する方もいます。ミルクで授乳する場合でも、赤ちゃんを抱いて授乳することを心がけてください。

お母さんとのスキンシップが、いかに赤ちゃんを安心させ、しっかりと発達させる原動力になるか、測り知れません。

スキンシップが少なく、放置される赤ちゃんは、「寂しいヨー」「お母さん抱っこして！」と声にならない声で叫んでいます。

赤ちゃんの発達のためには、「スキンシップ」と「語りかけ」が、母乳やミルクと同じくらいに、必要なものなのです。

手のひらのことば

4

子どもには語りかけと、スキンシップが必要です。

子どもは、誕生からすべてを親に頼って生きています。最も大切なことは親に抱きしめられることを通して、自分は親にとってかけがえのない者であるということを子どもが理解することです。

抱き癖がつくからと言って抱かないお母さんは、どんなスキンシップで自分の愛情を子どもに伝えるのでしょうか？
子どもにとって、お母さんに抱きしめられることに優るものは、この世の中にないことを知ってください。

●お散歩で潜在能力へ働きかける

一恵ちゃんのベッドの上には、大きなガラガラが吊るされています。母方の祖母からのお祝いです。静かに回り、オルゴールのメロディーが小さく流れます。

赤ちゃんには、そこが自分のお部屋であると分かるための、何らかの印が必要です。このガラガラは、とてもよい印の一つです。赤ちゃんは、これからは外出して帰ってきたら、自分の部屋に入って、このガラガラを見て、ほっと安心することでしょう。赤ちゃんが、自分の安心を作り出す、このような印はとても大切なものです。

＊＊＊

一恵ちゃんが誕生して六カ月が過ぎました。お母さんは今までの語りかけに、新しい要素を加え始めました。一恵ちゃんを抱っこして、家の中を一周するのです。目につく大きな物の名前を指さして話します。

最初は五つほど、その数は少しずつ増えてゆきます。いつも同じ順序で、繰り返されます。おまじないではありません。

赤ちゃんの持っている潜在能力への語りかけなのです。一日に二、三回、一恵ちゃんのご機嫌のよい時に始まり、ほんの数分で終わります。大好きなお母さんに抱かれ、お母さんの声を聞いて、物の名前を吸収するのです。子どもが持って生まれたあの吸収精神への働きかけなのです。

毎日繰り返すことが大切です。赤ちゃんのご機嫌のよい時に行います。お母さんが抱っこしての家庭内のお散歩です。赤ちゃんは、耳と目を始め全身で吸収します。

これは、人間における、特に乳幼児期における認識方法、「パターン認識」と言われるものです。大人になっても有効なのです。何度も同じ順序で繰り返すことによって、少しずつ吸収する認識方法です。

覚えようという努力はしません。自然に入ってくるのです。この場合、同じ順序で、ということが肝心です。毎回順序が違っていると「パターン認識」は妨げられてしまいます。

家の中にあるものに興味を示すようになった一恵ちゃんには、目に強い意志が感じられます。お母さんとの家庭内散歩を待っているように見えます。身の回りのものに強い視線を示します。

ポカポカ暖かい春のある日、お母さんはベビーカーに一恵ちゃんを乗せ、家の外へお散歩に連れ出しました。お母さんの顔や姿がいつも見えるように、対面になっています。この日から毎日一回、戸外へのお散歩が始まりました。

いつも同じ道を通ります。一恵ちゃんには、いつも同じものが視界の中に入ってきます。「安定したパターン認識」ができ上がってゆくことで、赤ちゃんの心の中には、「安定」ができてゆきます。多く吸収し、安定して血肉化してゆく能力への働きかけです。

幼い子どもを育てるのに、お散歩はとても大切です。外へ出ることは、赤ちゃんの五感への多様な刺激になって、赤ちゃんの脳を育てるのです。

一恵ちゃんの戸外散歩や家庭内散歩が毎日順序が異なり、お母さんの気ままで進められたとしたら、赤ちゃんの内にある「安定した吸収精神の働き」はどれほど掻き乱されたことでしょう。イライラした、泣き虫の一恵ちゃんになっていたことでしょう。

親のちょっとした配慮が、子どもの性格形成に大きく影響してゆくことになるため、この点には十分に注意したいものです。

手のひらのことば

5

家の中を大掃除すると部屋が広く感じられ、気持ちがよいものです。

子どもには、大人と異なった独特の秩序感が与えられています。

生活のリズムや、身の回りの物が乱れていると、子どもは不安定になり、泣き出すことがあります。

身の回りの物は定まった置き場所を決めておき、いつもそこに置くようにすると、子どもの気持ちがすっきりします。
無駄な生活リズムがなくなり、子どもの心が乱されることが少なくなります。

2 「探索」と「秩序感」を大切に　【一歳】

●「ハイハイ」が育てるもの

玲ちゃんは、最近とみに「よだれ」が出るようになりました。床をハイハイしながら、発見するものは何でも口に入れて確認。お母さんはハラハラしながら見ています。「それ、ダメ！」と大声を出すと、玲ちゃんが飲み込んでしまうからです。

小さな「おしピン」や「タバコの吸い殻」が落ちていると大変です。彼女は、おもちゃも木製の大きな玉が好きで、それを口に入れては出して楽しんでいます。最近では、小さなゴミをお母さんのところに届けてくれるようになりました。本当に大人が見えない小さなものが見えるのです。

ハイハイのスピードが早くなり、つかまり立ちも始めています。彼女の身体の中では、話すための解剖学的構造が、ハイハイすることで作られているのです。ハイハイが成長過程で現れる赤ちゃんは幸いです。

ハイハイの時期、玲ちゃんは引き出しを全部引き出すことに興味を示しました。そして、中のものをポイポイと投げるのです。お母さんはたまりません。

＊＊＊

子どもの吸収精神が、「探索」として激しく働く時、大人はついていけません。しかし、子どもには、生命の危険がなければ、何でも触れさせ、口で確認させてあげるのが大切です。

危険なものはすべて避難させてください。こうして、どんどん吸収したものが潜在能力が育つ土台になるのです。

この頃の玲ちゃんは、お母さんが新しい服を着ると抱かれるのを嫌います。チクチクする素材が嫌なこともありますが、玲ちゃんが好きないつもの服をお母さんが着ていると、安心して抱かれています。

小さい子どもの「秩序を好む」現象の一つです。この特徴をモンテッソーリは、「敏感期」の特性と名づけています。

前に述べました「パターン認識」と同様に、「探索」や「秩序感」は、潜在能力の表れです。

「二足歩行」に向かって、繰り返し繰り返しトライする能力と同様に、大人は邪魔することなく、必要な助けをし、見守ってあげましょう。

玲ちゃんは一歳のお誕生日前に、歩き始めました。ヨチヨチ歩きから、あっという間にしっかりした足取りになりました。

●「二足歩行」が脳を進化させる

①二本足で世界が広がる

四本足の存在から、二本足のヒトになった時から、脳の発達は、新しい段階に入ります。

まだコミュニケーションの道具としての言葉は話せませんが、赤ちゃんは、話し始めているのです。「アーアー」「ウーウー」や指さし行為を交えて、コミュニケーションを実現しているからです。


玲ちゃんはお父さんに抱っこされる時は、指さしでお父さんを誘導して、自分の思いを実現しています。

大人が外国に行って、ボディランゲージで意思伝達するのと似ています。

二足歩行で生活を始めた玲ちゃんは、いつもお母さんについていきます。椅子に登り、テーブルの上のものにも手が届くようになりました。お母さんの環境対策は、新しい段階に入りました。玲ちゃんが触れて生活のリズムに順応してゆくものと、危険なものとの住み分けをしなければなりません。

携帯電話は玲ちゃんのお気に入りです。ちょっとお母さんが置き忘れると、玲ちゃんの手の中にあります。最近では、お父さんの古い携帯電話を自分のものとしてもらいました。二十一世紀を生きる子どもたちは、一歳でマイケータイを持って育つのでしょうか。

＊＊＊

二足歩行は、玲ちゃんの生活空間を広げました。ハイハイの時代の生活空間とは、大層変わりました。両手の使い方も、新しい運動が加わり、両手の発達は、彼女の脳をさらに進化させます。手と足の協応運動や目と手の協応運動が上手になります。

玲ちゃんは、靴を履くことも楽しくて仕方がありません。なぜなら、お母さんやお父さんとお散歩に行くことができるからです。

お母さんとのお散歩は、赤ちゃんの時にベビーカーでお散歩した同じ道を、今度は自分の足で歩いて行くのです。とっても時間がかかります。でも、玲ちゃんは、新しい景色として見ています。今は立って、歩きながら見るからです。毎日毎日、見ていた大きな木や建物は仲良しさんです。ずっと昔からの知り合いなのです。

ベビーカーに乗っていた時には見えなかったものが見えるようになり、玲ちゃんの世界は広がり、充実していきます。密室育児ということが言われますが、子どもを変化のない部屋の中にばかり閉じ込めておくことは、子どもの発達にとってもよくないのです。

②目と手の協応運動が始まる

玲ちゃんの両手はハイハイの時は、身体を支え、前進するためによく働きました。何かを発見すると、素早く手が伸びていきました。歩くようになった玲ちゃんの手は、ものをつかんだり、持ったり、引っ張ったり、多様な運動を始めました。

「目と手の協応性」運動を大切に育てていくことは、脳を育てていくことに通じます。ですから、手でいろんなものをいじる、いわゆる「いたずら」をすることで、子どもは自分の脳を育てているのです。できるだけ「いたずら」をさせてあげたいものです。

玲ちゃんは、大きな木の玉をいくつも紐に通すことが好きです。中くらいのペグ（プラスチック）を取っては、台に並べるのも得意です。また、小さな菱形や正三角形の色紙をのりで貼るのも大好きです。

ハイハイという大きな運動で、玲ちゃんは自分の小脳や運動野を育ててきました。

歩き始めると、目と手の「協応」運動を始めるのは、それが人の発達プログラムに組み込まれているからでしょう。この時代、子どもたちは、自分の大脳の前頭野を一番発達させます。自分のリズムを大切にし、自分の活動に集中する姿を見せます。

大人のような長時間の集中ではありません。ほんの数分のものです。それを何度も繰り返します。

この時期を「協応性学習」の時と言うことができます。お母さんは勘を働かせて、協力したいものです。

「協応性」には、いろいろな面があります。

「目と手」（物をつかむ）

「手と足」（物を持って歩く）

「頭と手足」（立って回転する）

子どもの遊びは、この協応性を育てる運動に満ちています。急がず、確かに歩むことにより、脳の運動野や大脳の前頭野を育てることになります。

あなたのお子さんの潜在能力を開花させるためにも、ぜひ脳を育てる遊びを工夫してあげましょう。

脳を育てる遊び
（上からスポンジ、小さい豆、大きい豆・こぼさないように移します）

㊢㋨㋪㋶㋨㋙㋣ば

● 6 ●

子どもは、親に理解されていると感じることが必要です。

あなたが子どもの発する音声を繰り返すと、子どもは自分が理解されていることが分かります。これは、とても大切なことです。

子どもの話を聞く時は仕事を横に置き、じっくりと時間をかけましょう。

時間のない時は、「今は時間がないから、あとでね」と言うのも仕方がないでしょう。分かるふりをしないことです。

ただ、「あとで」子どもの話を聞こうとしても、たいてい子どもは忘れてしまっているものです。ですから、「あとで」ではなく、できるだけ「その時に」子どもの話を聞いてあげましょう。

③歩くことが脳を育てる

歩き始めた子どもたちだけでなく、三、四歳の子どもたちが歩くのを見ていると、奇妙な歩き方をしているのに気づきます。室内の歩行時に、「爪先で歩く」様子を見つけます。

二足歩行の基本は、踵から地に着け、爪先で蹴るという一連の運動です。子どもたちが爪先だけで、踵をつけないで歩く姿は、まるでバレリーナです。こんな姿を何人も発見しています。いったいどうしたのでしょうか？

何が原因なのでしょう。

＊＊＊

歩くことが始まり、頭と身体のバランスが上手に取れ、スムーズな二本足歩行ができる頃、お母さんは、歩き方をゆっくり子どもに見せてあげましょう。そして正しい歩き方を教えてあげましょう。

まず片足を踵から着ける歩き方を見せます。片足ずつ踵から地に着けて歩くことを自分のものにすることが目的です。うまくできなくても良いのです。後にその歩き方を思い出してくれますから。

短い白線をビニールテープで引き、その上を歩かせたり、ちょっとした高さのところを手を取って歩かせます。遊びの中で正しい歩き方を子どもに見せてあげましょう。「踵から地に着け、爪先で蹴る」足の運動を、自分のものとできるように。一歩、一歩の足の運びが、確かになるまで続けてください。

子どもはこのゲームがとっても好きですよ。

＊＊＊

エミちゃんには三歳年下の妹がいます。彼女は、「脳性麻痺」という病気で、生まれた時から、元気がありません。皆が歩くような時期になっても、彼女は歩けませんでした。

ぐったりベッドに寝たきりです。

ご両親は、誰よりも彼女のことが心配でした。世界中のこの病気の子どもたちは、歩けないのが当然とされていました。

お父さんはある外国人の友人から、一つの記事を送ってもらいました。アメリカで、この病気の子どもたちが、歩くためのトレーニングをしているという内容のものでした。日本では、考えられないことでした。

二歳になったエミちゃんの妹は、お父さん、お母さんとアメリカのセンターへ旅立ちました。

帰国後、トレーニングが始まりました。

マンションのお母さん方が、毎日ボランティアで協力してくれました。

毎日長時間のトレーニングです。その内容を少し紹介しましょう。

一人は頭の係、一人は両手の係、一人は両足の係。

と、最低三人の協力者が必要です。時には、両手、両足を別の人が受け持ち、五人で行うこともあります。

寝たままの状態で、

①で、右手と左足を上にあげ、さらに頭が本人の右側に向きます。

②で、左手と右足を上にあげ、さらに頭が本人の左側に向きます。

①

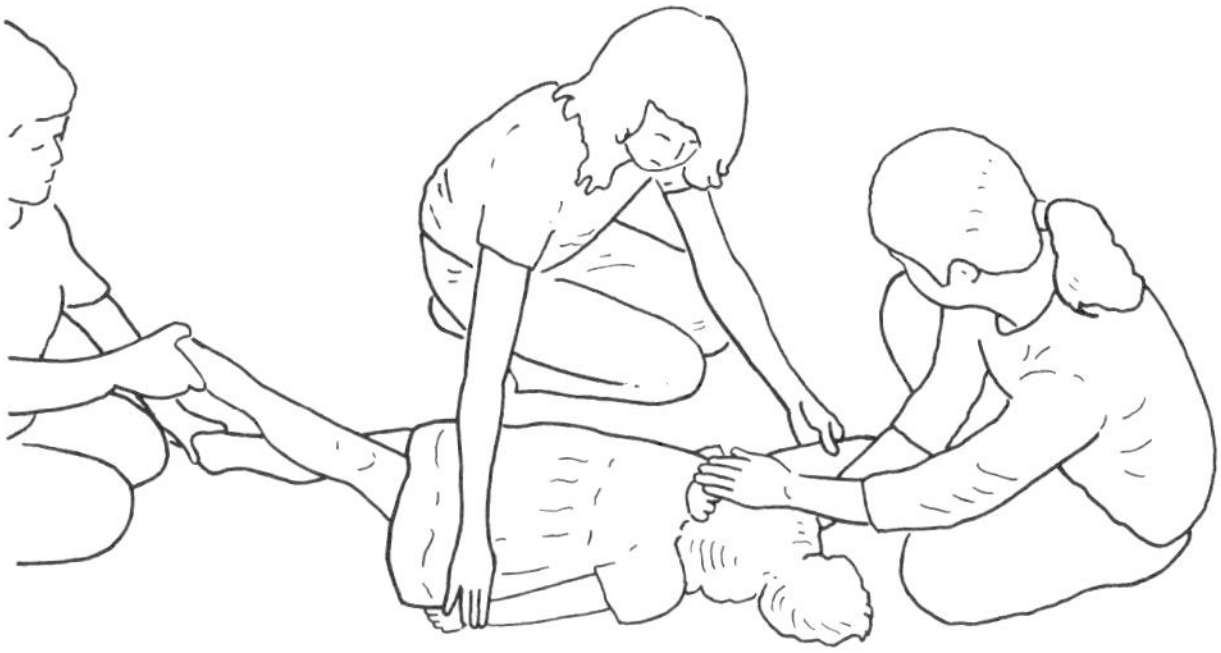

②

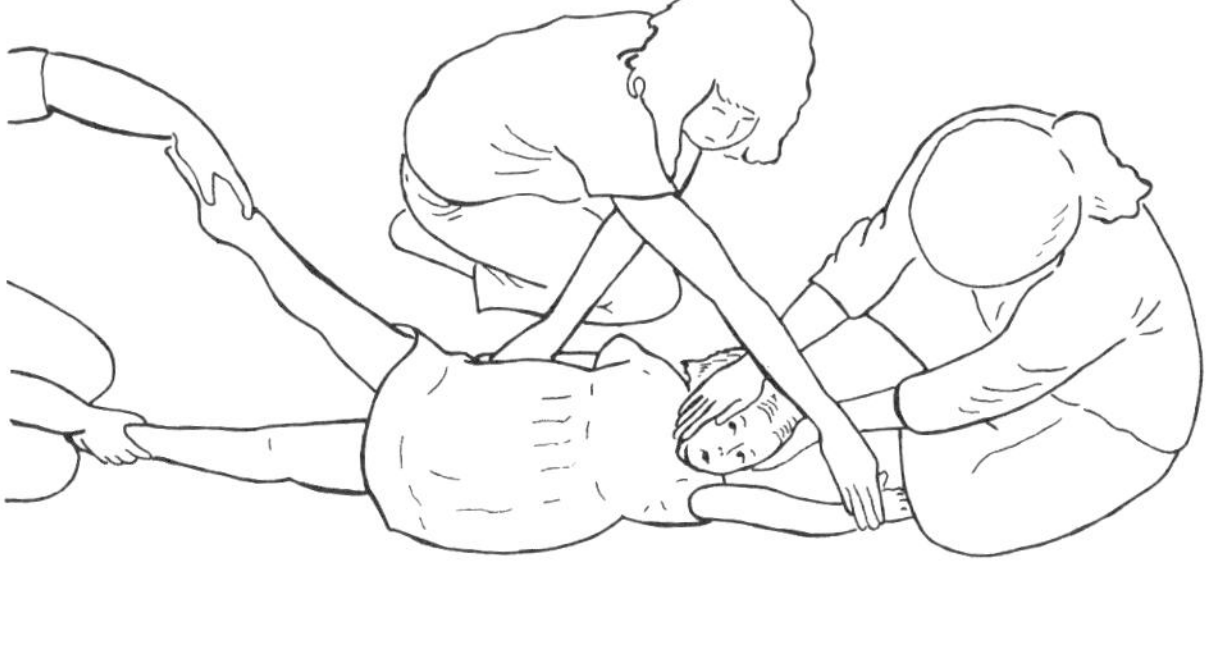

リズムをつけて、この運動が長時間続きます。

ロボットの「アシモ君」を思い浮かべてくださると、歩行の原理が分かります。

もっとも「アシモ君」は、頭が左右に向きませんね。

あなたもやってみてください。頭と手と足の協応運動です。

歩くことを分析すると、この運動になるのです。

＊＊＊

この運動を長時間続けるのは、「身体運動をすることで、欠損した脳や脳細胞の働きを、残った脳が、受け継いでくれる」という理論に基づくものです。

実際、このトレーニングを数年続けることにより、脳性麻痺の子どもが歩き出したという事例が出てきました。

エミちゃんの妹も、三年後には、歩き出しました。最近、高校生になった彼女が戸外に出て、犬と散歩している姿に出会いました。なんという驚きでしょうか！

後になって、このトレーニングの発案者が、グレン・ドーマン氏であることを知りました。

人は立って歩き、両手を使って生活することで、脳を活性化し、進化させてきました。歩くこと、そして両手を使うことは、子どもの体を育てるだけでなく、脳を育てることでもあるのです。

3 言葉の爆発と自立への芽ばえ　【二歳】

●突然、おしゃべりに（言葉の爆発）

「あのしゃあ」「あのしゃあ」と言いながら、お母さんの膝に、チョコンと座るのは、「おしゃべりかよちゃん」です。

二歳になる前から、よくお話ができます。かよちゃんには三歳年上のお姉さんがいます。話し方は、お姉さんそっくりです。

かよちゃんも、一歳の時から、「アーアー、ウーウー」と指さしで、みんなとコミュニケーションをとっていました。みんなの言葉の最終の音で、すべての用件が満たされていました。

ところが、ある日、お母さんとお姉さんの会話に入ってきました。「あのしゃあ、あのしゃあ、ほしいの」と話し出しました。みんなビックリです。その日から、かよちゃんのおしゃべりは止まりません。

昔から言われる「言葉の爆発」現象です。堰を切った水の如く、大変です。

そして、みんなの言葉を吸い取ってしまいます。本当に上手です。

単なるオウム返しではありません。

＊＊＊

「言葉はコミュニケーションの道具」と言われます。一歳児は、このことを早くから知っているようです。指さしや一音による「伝達言葉」は、そのことの現れです。

周囲の人の言葉（日本語）を話し出すには長時間を要します。

その過程には構造があるようです。

一、音を吸収し、発する
二、音節を吸収し、発する
三、単語として吸収し、発する
四、文として構成し、発する

誕生と同時に、赤ちゃんはこの作業に入ります。無意識の吸収から、意識的な吸収へと進みます。

子どもの成長を手伝うにあたって親は、このことを知っていると大変助かります。子どもがイライラしているのは、どこで困っているのか、発見できるからです。

お母さんが、たくさん語りかけた子どもは、早く話し始めます。

このプロセスは長い道程ですから、早い子、遅い子、個人差も現れて当然です。早いからいいというものではありません。

しかし、必ずやってくるのが、「言葉の爆発」です。楽しみに待ちましょう。

●私一人でやる！

言葉のしゃべり始めと共に、二歳児は、自立に目覚めてきます。生命の内なるパワーが、前へ前へと駆り立てます。

ボタンをかけたり、タオルを掛けたり、お母さんのお手伝いで、水のボトルを運んだりもできます。お母さんが「とっても助かったわ。またお願いします」とお礼を言うと、かよちゃんは、満足な笑顔で「ハイ」とお返事をします。彼女の目はかがやき、パジャマの着脱や歯磨きにもトライが始まりました。お姉さんのしていることは、できて当然と思っているのでしょう。

上手にできなくてもよいのです。お母さんは子どもの「意欲」をほめてあげましょう。

「結果」は問わないことです。子育てに限ってのほめ方です。

このほめ言葉が、まるでイースト菌の入ったパンのように子どもの心を大きく膨らませます。

お母さんのほめ言葉は、子どもの心を安らかにし、優しさを作ります。そして、他人のために役立ちたいという心を作ります。

せっかく子どもが手伝ってくれようとしているのに、「ダメ、よけいなことをしないで、あっちにいって」は禁句です。

＊＊＊

自分で何でもやりたい子どもの火は、大切に守ってあげましょう。生涯に及ぶ意欲ですから。この火が燃えない子どもを心配してください。おとなしく、言ったことは、じっと守り続ける子どもの方が問題です。

物事の結果を問うのは大人の世界です。お母さんは急いで結果を求めないでほしいのです。成長途上の子どもは、うまくできなくて当たり前。結果を求めるより、やろうとする意欲をほめてやってください。ほめられることによって、子どもは、さらに意欲を燃やし、好きなことに集中するようになるでしょう。そうなってくれて初めて、子どもの潜在能力を発見し、伸ばすことができるのです。

7

たとえ冗談でも、大切に思う人から侮辱されて、悲しくなったことはありませんか？

子どもに向かって、人格を侮辱するような冗談はさけましょう。
冗談と分かっていても、その言葉は子どもの心を傷つけ、人格を否定し、役立たずの存在という烙印を押します。

子どもは人格を否定する言葉に特別の感受性を持っているのです。

●二歳半はもう一人前

二歳半になったかよちゃんは、いろいろなことが一人でできるようになりました。それを一つ一つほめてもらうのが好きです。

お姉さんやお母さんの言葉もよく真似ます。そして、自分以外の人のことがよく見えるようになりました。家の中では、大きな声で話ができますが、他の人がいる前や、お姉さんの園のお迎えの時には、無口で静かにしています。

二歳半は、今日特別な年齢と言えます。多くの子どもは、集団を求めています。自立のパワーが、子どもを集団に向かわせるのでしょう。家庭で、お母さんには反抗的な子どもも、第三者、先生や大きなお兄さんの言うことは、ちゃんと受け入れるのです。

姉や兄のいる子は、姉や兄の友だちを自分の友だちとして遊びに参加したがります。立派に、一人前に自立しようとする年齢と言えます。

かよちゃんのお父さんは釣りが大好きです。お母さんとかよちゃんは、よくお父さんに同行します。

陶芸をするお父さんの横で、土いじりをするのも楽しい日課です。

時々、お母さんと小さな畑（一坪農園）へ収穫に出かけるのが何よりの楽しみです。虫がいっぱい取れるからです。台所もかよちゃんの遊び場の一つです。

二歳半の子どもは環境をよく観察し、自然をたくさん体験し、何でも好きになっていく時期です。お母さんにとっては、幼稚園や保育園に預ける前の厄介な時期なのでしょう。

人格として、一人前に扱うことこそ大切な時期です。

我が子を分身としてではなく、一個の人格としての親子関係作りに努力してみましょう。

4　自立したレディーとジェントルマン　【三歳】

●集団に入れるタイミングは親が判断

三歳のお誕生日が過ぎたある日、夏美ちゃんは、お母さんに連れられて幼稚園を見学にいきました。小さな小さな幼稚園です。みんなで二十人ほどの園です。三歳から五歳まで、縦割り保育をしています。夏美ちゃんは、大きなお姉さんのしている活動をじっと見ていました。夏美ちゃんの右手は、しっかりお母さんのスカートを握っています。

年中児のかな子ちゃんが、すっと夏美ちゃんのところにきました。

「おいで、いっしょにあそぼう」

と、声をかけてくれました。夏美ちゃんは、かな子ちゃんと手をつなぎ、お母さんから離れていきました。向こうのテーブルで、パズルを始めている姿が見えました。夏美ちゃんは半日の見学でしたが、あっという間に、みんなの流れの中に入っていきました。

帰宅後、お母さんから提案がありました。

「明日から、今日、見学した幼稚園に遊びにいってみる？」

「うん」

夏美ちゃんは、次の日から毎日、通い始めることになりました。

＊＊＊

二歳半は一人前と記しましたが、三歳になると、子どもたちは、さらに自立してきます。そして、友だち（小さな集団）が必要になってきます。子どもたちの新しい能力が目覚めるために、新しい環境が必要になってくるのです。

お母さんは、このタイミングを大切にしてください。三歳だからと言って、集団に即入れることは必要ありません。子ども各人がサインを送ってきます。おのおの発達のリズムが異なります。したがって、集団に入れる時は、お母さんがしっかりと判断することが大切です。

遅すぎることはありません。早すぎると、恐怖を子どもに与えるだけで、その後の歩みによい影響はありません。

自分の子どものリズムを読み取ってください。何も早いことがよいわけではないからです。

三歳の男の子と女の子を比べてみてください。女の子は、何とオシャマで一人前なことでしょうか。それに比べ、男の子には、まだ赤ちゃん色を残した「幼さ」があります。

発達における男女の性差は事実です。中学に入るまで、続くものと思ってください。

最近の傾向は、お母さんが「男の子には甘すぎる」ということです。

子どもの自立を望むなら、少し引き締める必要があると思います。

お母さんの性格にもよりますが、くれぐれもご注意、ご注意です。

＊　＊　＊

夏美ちゃんは、翌日から元気に通園を始めました。十月だというのに、今年は暖かな毎日です。朝、お母さんと自転車に乗る日と、ゆっくり歩いて二十分の道程を楽しむ日とができました。

夏美ちゃんは歩く方が好きです。好きなお池の魚にご挨拶して、工事現場をじっと見て、鳩や猫をおいかけ、小さな葉っぱやお花を摘むことができるからです。園での夏美ちゃんは、年長や年中のお姉さんの活動を横でじっと見ている日が続きます。

時々、お母さんが、

「今日、何したの？」

と問いかけますが、

「………」

何も答えることができません。仕方なく、「いっぱい」と答えることにしました。

㊢のひらのことば

8

子どもには自分のことについてできるだけ子ども自身が決定できるような、選択の自由を与えましょう。

何を着るか、レストランでは何を食べたいか、どんな遊びをしたいか等々、子どもに選ばせることは、とても大切な自立のための第一歩です。

たとえば、青いデニムのジャケットを着て行きたいのか、それとも茶色のダウンのコートを着て行きたいのか、スパゲッティがいいのか、ハヤシライスが食べたいのか、子どもに選択肢を与えて、子どもが自分で選ぶのを待ちましょう。

一人の人格として成長するために、選択することを学ぶ必要があるのです。

ビーズのブローチなど

●見て学ぶ

夏美ちゃんが、この二日間じっと見ている活動があります。小さな色ビーズを針金に通して、少しずつ重ねていくと、素晴らしい「ブローチ」が完成するのです。

夏美ちゃんは、先生に「これ、したい」と初めて自分の意思表示をしました。

「はい、いいですよ」とオーケーサインが出ました。種々のパターンから、夏美ちゃんは、「ピカチュー」を選びました。彼女は夢中で作業を続けました。作業終了の鈴が鳴って、先生の「今日は、ここまでにしましょう。また、明日この続きをしますよ」との言葉がけに、助けられました。

夏美ちゃんは、本当は今日中に仕上げたかったのです。でも明日もできるお約束があるから大丈夫です。

夏美ちゃんは、本当に二日間でピカチューのブローチを作り上げました。

皆が集まる時間に、先生は夏美ちゃんが、二日間一生懸命ビーズを通し、ピカチューのブローチを完成させたことを報告しました。

「わあ、すごい！」

と、男の子が言いました。このブローチ作りは、実は年中児の活動だったのです。

でも、先生はじっと何日も見ていた夏美ちゃんのことを知っていました。

だから、ゴーサインが出たのでした。

この次の日も、次の日も、夏美ちゃんのブローチ作りが続きます。

＊＊＊

子どもが見て学ぶ姿は、方々で見られます。工事現場や竹細工を作るところで、じっと動かずに見入っています。自分にとって、興味あるものに引きつけられ、体全体で受け止めるのが、二歳半から始まる三歳児の姿です。

そこには、本人の強い意識と意思の働きがあります。

二歳頃まで、無意識的であったものが、急に意識的になってきます。

大人から見ると、一種の「こだわり現象」と見えます。

「しつこいわね。もう、いいかげんにしたら」

「いやだ！」

こういうやりとりが親子の会話の中で、多くなってきます。そうなったら、お母さんは喜んでください。子どもは、物をよく見るようになりました。そして、自分の好き嫌いが明確に表現できるようになったのです。さらに自己主張は、頑固になっていきます。お母さんと意地の張り合いが始まります。

＊＊＊

この頃の「しつけ」や「叱り方」には、工夫がいります。

自己主張が強くなるこの年代は、「自尊心」、「プライド」がとっても強いと言えます。

大人が、感情のみで叱りつけたり、命令すると逆効果となります。

できればひと呼吸入れ、「理由」を添えて叱ってください。

できる限り、論理的に進めることです。

バイリンガルで育てているお母さんが、

「叱る時だけ、英語でします。日本語だと対等の関係で叱れなく、つい圧力的、脅迫的になってしまうからです」

と言うのを聞いたことがあります。お母さんの知恵袋ですね。

●「どうして？」の問いかけを正しく受け止める

年少児の直子ちゃんは、家でもお母さんに「ねえ、どうして？」と繰り返し問い続けます。

幼稚園でも先生に「どうして、どうして」と問い続けます。

三歳児の特徴の一つです。知的探求とでも言うのでしょうか。ハイハイの時代、無心に引き出しを開け、中のものをポイポイと投げ出した姿が蘇ってきます。

直子ちゃんの興味も広がってきました。自分の名前を書きたいのです。文字への興味です。指を出して「いち、に、さん、し……」と数えます。数への興味です。

また、お母さんが買ってくれたクレパスで、画用紙の上に線を引いています。顔や人の姿らしきものも現れます。絵画への興味です。

トランポリンが大好きな直子ちゃんは、バレリーナになりたいと思っています。リズムや体操が大好きです。また、園で聞いている「わらべうた」もとっても好きになりました。テレビで知った歌もたくさん歌えます。

＊＊＊

「どうして、どうして」と問いかける間に、子どもの興味は爆発的に、拡大していきます。大切なのは、彼らの興味を正しく受け止めることです。決して、子どもの先取りをして進めないことです。

知的要求の拡大は、各人、一人ずつ異なったリズムで進みます。

でも、ご安心ください。必ずどの子にもやってくるものです。お母さんが先取りして指示すると、自尊心が邪魔をして、お母さんの希望と反対方向へ進んでしまうものです。

先に述べました子どもの種々の興味を大切に育てることこそ、子どもの潜在能力を開花させることになるのです。

「決して嫌いにさせないこと」は大原則です。文字や数や絵画や音楽、体操等々との出合いで嫌いになったものは、決して伸びません。その鉱脈は失ったと言っても過言ではないでしょう。

重ね重ね申します。お母さんは決して子どもの先取りをしないこと。お母さんの先取りは、他の子どもと比較することによる不安が原因です。

その子自身に重大な問題がない限り、同年齢の他の子どもと比較しないことです。

自分の子どもの生命の内的パワー（潜在能力）を信じて、見守ってください。

そしてさらに、文字や数や絵を描くこと等々を決して嫌いにさせないでください。

できる限り、好きになる方向へ協力してあげてください。そのためには、まず、先取りをしないこと。そして、子どもが何かに興味を示した時、それを受け止めて、適切にお手伝いしてあげること。それには、お母さんの知恵袋が必要です。

●「どうして？」に答えるお母さんの知恵袋

直子ちゃんのお母さんは、彼女の「どうして、どうして」には、できる限り正面から答えようとしました。

ある日の直子ちゃんの問いです。

「お母さん、どうして昨日と言うの？」

さあ大変です。あたり前のことを子どもは、正面から問いかけてきます。

お母さんは、直子ちゃんのお誕生日にこの答えを出しました。

美しいバースデーカードを開くと、

左側には、お母さんと直子ちゃんが一緒に写った写真が一枚貼ってあります。

右側には、「お誕生日おめでとう。今日から三歳ですね」と、書かれていました。

よく見ると、カードの上に左から右に赤い線が細く引かれていました。

右側には、赤丸のシールが一つ。その下に、「きょう」おたんじょうび　三月三日

直子ちゃんのバースデーカード

と書かれています。
左側には青丸シールが一つ。その下に、「きのう」三月二日と書かれています。
直子ちゃんの一声、「あ、そうか！」
お母さんの知恵袋が成功しました。よかったですね。

＊＊＊

三歳児はあらゆるジャンルに「どうして、どうして」と問いかけてきます。それに対応するための直子ちゃんのお母さんの知恵袋の原則をお教えしましょう。

①　子どもに答えるためにできる限り、目に見える形で材料を準備する。
②　単純な形で、子どもに見せる。
③　本質のみで、枝葉は切り捨てる。
④　抽象的な問いほど、具体的に答える。
⑤　説明できない時は、正直に伝える。

⑥　決していいかげんにごまかさない。

以上の六項目は大切な原則です。何よりも、子どもに見える形で示すことです。子どもは「見て理解する」のです。ですから反論が返ってこないのです。

「重い、重い」も、ペットボトルや電話帳を利用した材料で示します。本人が、持ってみて理解できるからです。

タウンページ一冊をしっかりと布で包みます。両端に小さなベルトをつけ、持てるようにします。

一冊のもの。二冊が包まれたもの。三冊が包まれたもの。三種類を作ると良いでしょう。各々重さが異なるからです。

三歳のたくみ君は、タウンページ三冊分の包みを両手で引っ張り、廊下を移動しています。「バックします！」「バックします！」……重さを体験する活動です。

フエルトで、丸、三角、四角の袋を作り、その中に、大豆を10グラム、20グラム、30グラムと重さを変えて入れておきます。子どもは、両手にとって、どれが重いか探します。まずは、二種類の重さの異なるものから始めます。10グラムと30グラムのもの。それから10グラムと20グラムのものへと進みます。上手になれば、三種類の重さの異なる物を弁別する活動へと進みます。

大人はできる限り言葉で間に合わせようとします。古い教育の結果でしょうか。幼児、特に三歳児の問いに答えるには、五感や体全体を使っての実証が大切です。この大人の答え方が、実は子どもの持っている潜在能力を開花させるか否かの分かれ目になるのです。

「重い」という言葉を体で実感して理解した子どもと、言葉だけで理解したつもりでいる子どもとは理解の質がまるで違います。体で実感しないで、言葉だけで理解したつもりでいるのは本当の理解ではないのです。

問いかけ、答えを探す行為は、人間の根源的な作業です。いいかげんに扱われる時、問いかける姿は消えてしまいます。アインシュタインを育てたお母さんは立派だったのですね。

＊＊＊

幼児期の教育に、直子お母さんの知恵袋はたくさんのヒントを与えてくれます。

①　三歳児の子どもの疑問をしっかりと受け止めてくれるか。
②　答えが言葉だけでなく、具体的な形で、子どもの理解を作り出すか。
③　子ども一人一人の能力を見つけようとしているか。

以上の三点を心がけている園との出合いは、子どもにとって、何と幸せなことでしょう。

そこでは、必ず各人が持っている潜在能力が見出され、いろいろなものが好きになります。少なくとも「疲れた、嫌だ」と言って逃げ出すことはないでしょう。

「そんな幼稚園はないですよ」との反論がかえってきそうです。

大きな集団ではなく、小集団の縦割り保育を実践する園を探してください。

住まいの近くにない時は、直子お母さんにならって、自宅で実践してみましょう。

直子お母さんの六項目を守る時、あなたは我が子の最高の教師になれます。

手のひらのことば

9

子どもは過去も未来もなく、「現在」に生きています。ですから、子どもの時間感覚は、大人よりずっとゆっくりです。

子どもの時の一日は長く、年を取るほどに時間は早く感じられます。

あなたは子どもをせかさないでいいように、知恵を出してください。

出かける時は前もって伝えて、子どもの心の準備をさせましょう。

毎日、子どもと一緒に、楽しいことをして過ごす時間を持てるように工夫しましょう。子どもの心を暖かく育むために。

5　何でもできる四歳児は「支配せずに見守る」【四歳】

内的パワーに導かれている三歳児が、思いのほか自立していて、あらゆるものへの吸収精神に駆られて、知的な働きを精力的に行う、そのパワーに驚かされます。

四歳児は、さらに自由に振る舞うことのできる存在となります。

四歳児の場合、夏休み以前と以後では、その成長は驚くほど異なるのが大きな特徴です。

七月の一学期終了時には子ども一人ひとりと握手をして「また、九月ね」と別れます。四月から始まった一学期は、約四カ月間です。四歳児は、もう年少意識は消え、お兄さん、お姉さんに成長しています。四月から自分より小さなお友達が入園してきたからです。

時には泣いている年少児に「お母さんには、すぐあえるよ」と慰めるのは、四歳児です。困っている小さなお友達を手伝うのも、四歳児です。

そんな彼らが九月にはもっともっとお兄さん、お姉さんになって現れます。

二カ月ほどの不在の間、彼らは、家族と共にたくさんの体験を吸収することにより、一回りも二回りも大きく成長しているのを私はいつも体験しています。

●大人はゆったりと見守る

四歳のだいき君は虫が大好きです。いつも園には、虫かごを持参します。春夏秋冬と一年中かごを持っています。ちょっとのぞいてみるとダンゴ虫がいっぱいです。

今は、ダンゴ虫を集めているとのことです。


五月に入り、皆でいちごを取りに、畑へ行くことになりました。

園から車で十五分から二十分のところに農園があります。年少から年長児まで全員、二台の車に乗って出発です。

「矢ヶ崎農園」に到着すると、背の高い、ニコニコしたおばさんが、お出迎えです。

数年前にご主人が亡くなり、今は長男が手伝っています。

子どもたちはおばさんも、息子さんも大好きです。

この矢ヶ崎農園は、子どもたちにとっては特別の自由な場所となっています。

いちご、じゃがいも、みかん、かき、さつまいも、さといも……と、収穫の時期にやってきては、枝から取り、土の中から掘り出して、取り立てを食べる経験をさせてもらっています。

年間を通じてやってきます。収穫物のない時も、お弁当を食べるだけでもやってきます。

いちごをつぶさないように取るのは、幼児にとってはなかなか大変です。また熟した赤いものだけを取ることも熟練がいります。

三歳児が白いいちごを取っても、だいき君は、すかさず「大丈夫だよ、僕が食べてあげるからさ。赤いの、ほら、こんなの取りな」と助けてくれます。

虫博士は、なかなかやりますな。カメラを向けながら、だいき君の新しい一面を感じさせられました。

みんな自分の器がいちごでいっぱいになると、荷物を置いた「ござ」のところへ戻

いちご狩り

じゃがいも掘り

ります。

虫博士が、一人でフラフラ歩いています。畑の中なら安心です。右の手には、やはり虫かごがあります。当分、彼は帰ってこないことでしょう。お弁当の時間には、だいき君の大きな声が聞こえます。今日見つけた虫の報告です。彼の声も、目も生き生きしています。四歳になると、自分のことも、そして自分より小さい友だちへの心配りもできることに驚き、脱帽です。

＊＊＊

子どもたちの集団の中に一緒にいる大人は、決して「支配せずに見守る」のが、モンテッソーリ教育の約束です。生命に関する危険には、すぐに飛び出して、身をもって守ってやらねばなりませんが、それ以外は、遠くから見守ってあげることです。

大人と子どもの間に相互信頼がある限り、良い結果にいたります。この相互信頼が不十分な時、特に大人の読みや、子ども一人ひとりの理解が不十分な時、悪い結果が生じます。

子ども一人ひとりの行動や感情や心の思いを知ることが、「ゆったりと見守る」ことを可能にします。この見守りこそ、子ども一人ひとりと大人の間に強い信頼を生み出します。

●幼児期と山歩き

毎年五月になると全員で高尾山に登る行事が行われます。年少児は、ケーブルカーを利用し、頂上までの往復を歩きます。年長、年中児は、同じコース（稲荷山から一号路）を歩きます。約五、六キロです。

年中児（四歳）のヒロノブ君（通称ヒロ）は、年長組の中に混じって歩いています。早い子、遅い子、それぞれクラス別ではなく、体力の関係でそうなるのです。教師も歩きの早いグループ、遅いグループと分かれて付き添います。

途中、四カ所、休憩場所があります。その日のリズムによって、休んだり、通過したり、いろいろです。頂上に着く時間差は、三十分ほどの開きがあります。

ヒロ君は、よくしゃべります。歩く間、ずっと世間話が続きます。

時々「ヒロ、だまれ！」と言われますが、また始まります。ヒロ君には、一つの弱点があります。あれほどのおしゃべりやさんですが、「しゃ、しゅ、しょ」の発音が弱いのです。本人曰く、「小学校に行ったらなおるよ」。誰も反論しません。

山道をゆっくり黙々と歩けるためには、三歳からたくさん山歩きを体験する必要があります。

短い距離から始めることが肝心です。

山で出会う高齢者から、

「おいくつ？

まあ、えらいわねえ。三歳で歩けるの？

うちの孫は、歩けないわ。

えらいわね……」

こんなおほめの言葉をいただくと子どもたちの背筋がしゃんと伸び、笑顔が満ちてきます。重い足取りが、急に軽くなり、スタスタ歩き出すのです。

知らない人からの「ほめ言葉」は、子どもたちを変容させます。

山歩き

年中、年長児も同様です。大人からのほめ言葉が、彼らを頂上までひたすら歩かせるエネルギー源となります。多くの小学生が、時間の関係からケーブルカーを利用して登山するのを知っている子どもたちは、内心、優越感を持っています。

「僕たちは、ケーブルを使わないで、全部歩いたのだ」

と、お母さんに報告するのが常です。

＊＊＊

山を歩くには、いろいろな歩き方があります。小学生になると見られる、グループやクラス単位で歩く「行軍歩き」と、もっと年齢の低い子どもたちに見られる「寄り道歩き」がその代表と言えます。

「行軍歩き」では、体の弱い子どもは、みんなの中に包まれて一緒に歩くリズムに助けられて頂上まで歩き通すことができます。一人では歩けないのに、皆と一緒なら歩けるという不思議なパワーがあります。

しかし、幼児には、この歩き方はあまり好ましくありません。それは、仲間（集団）の方が大切だという心が育っていないからです。

したがって、幼児の山歩きは、後者の「寄り道歩き」が適していると思います。

自分の興味や周囲のものへの関心を軸として、自分の体力に応じた歩き方となります。

「あっ、ミミズがいたよ！　大きなクモだ！」あっちへフラフラ、こっちへフラフラ、好きなものを見つけては、少しずつ歩きます。時間を要する歩き方です。同行する大人は、疲れてしまいます。しかしこれが山歩きを嫌いにならない唯一の歩き方と言えます。

幼児期の子どもには、できる限りこの「寄り道歩き」を守ってあげたいものです。

大人は時間の許す限り「寄り道歩き」につきあってあげましょう。そうすれば、子どもは「自然との交流や歩く楽しさ」を発見します。この歩き方は周囲が見え、興味が拡大し、自然への観察力がつく歩き方です。

㊢のひらのことば

• 10 •

　子どもには、自由に動き回れる空間が必要です。子どもは自分で触れて、嗅いで、味わうことから、自分自身を育てます。

　大人の手を要しないで、自由に自分でいることのできる自然の世界が身近にあると幸いです。

　子どもの頃のトマトやキュウリの味は、生涯忘れません。

　木に登って食べたリンゴの味は格別でした。

　自然とのつきあいは、子どもの感覚の世界を豊かに育て続けます。

●夏のお泊まり会

一学期の終わりに、年長、年中児による「お泊まり会」があります。

四歳児は、いろいろなトライ（挑戦）を経験します。

四歳児の、ののちゃん。お泊まり会の朝、登山のために駅に集合します。

お母さんと別れるのは問題がありません。今日の登山は、少し距離が伸びます。

小仏峠から一丁平、そして高尾山頂から下山です。約六キロのコースです。七月の中旬過ぎ、このコースは暑さがたまりません。土道はとっても気持ちがよいのですが、アスファルトで舗装された道は歩きづらいものです。

汗をいっぱいかいて、四時頃駅に着きます。園に戻り、みんなで近くの銭湯に行きます。食事をして、花火大会です。絵本を読んでもらって、いよいよお泊まりです。

四歳児で、お泊まりができない人は、ここで自分の家に帰ります。今回お泊まりできない人は来年トライすればよいのですから、堂々と帰ります。

翌朝は、早く起き、みんなで朝食を作ります。帰った人はこの朝食作りに間に合わせて登園します。

ののちゃんは、自分の荷物の管理が上手にできています。朝の布団たたみも上手にできます。人のものまでお手伝いです。家庭でのしつけの一端が現れます。

朝食の準備も、ののちゃんは、年長のお姉さんたちと黙々と進めます。

今日はパン食です。サラダもいっぱいです。

朝食が終わって、お帰りです。あっという間の一泊二日です。

四歳児でお泊まりができる人は、夏休みに入るや、お友だちの家に泊まり始めます。祖父母の家や、友だちの家……と方々に泊まることができるようになります。

一つの体験による「自信」が、生活空間を変えるようになるのです。

これは子どもたちが示してくれる事実です。四歳で泊まれなくても、その人なりに必ず泊まることができる時がきます。それまで堂々と待つことです。時々、お泊まりができるチャンスを提案してあげましょう。お母さんの知恵袋を出す時です。

ののちゃんは、夏休みに入るや、新潟のおばあちゃんのところへ一週間の外泊をしたそうです。向こうにいる大好きなお姉さんが、つきあってくれたからだと、後日、本人は語っていました。

手のひらのことば

● 11 ●

子どもと目線を合わせ、尊敬と思いやりをもって話を聞いてください。

子どもが何か話したがっている時はできるだけ、「あとでね」と言わないでください。

耳を傾けて、身を屈めて、目を合わせて、聞いてあげましょう。

大人にとって、どうでもいいことが、子どもには大切なことである場合があることを覚えておいてください。

よく聞いてもらった子どもは、集団を大切にし、他人への思いやりが育ちます。

自分は家族の一員であるという自信が子どもを支えます。

6 豊かな感性と技で創作活動　【五歳】

年長児も一学期はまだ幼さが残りますが、二学期、夏休みを終えると、学童期の心理状態が、芽を出します。競争心と自尊心が拡大します。他者との比較がとっても気になります。

私の園では、毎年、年長児は幼稚園生活の総まとめの時期に入ります。三歳から積み上げた結果が現れる時期でもあります。たくさんの課題があります。たとえば、

＊　生命の表を作り、その説明文を書く。
＊　毛糸で織り機を使ってのマフラー作り。
＊　木工作。（椅子のキットで作る）
＊　陶器作り。（母と子でおのおの作陶する）
＊　卒園アルバムの表紙作り。（絵画）

＊　身体図の最後の完成。（自分の側面を描く）
＊　紙粘土による恐竜作り。

種々の活動を自分の好きなことから始めます。そして、自分のリズムで完成していきます。

●マイチェアーを作る

よしかず君は、キットの説明書を広げながら、「なるほど」、「そうか、そうか……」と独り言をつぶやいています。先生の話も耳に入りません。彼独自のイントロです。自分なりに、自分流でのウオーミングアップが許されることは、子どもたち一人ひとりにとって、大切なことです。五、六名の子どもが、一緒に一つの課題を学習することになりますが、おのおのの心と気持ちの導入は、自分自身で始めなければなりません。

毎年十月にはいると、この椅子作りの活動が始まります。年長児だけに許された活動です。他の学年の子どもたちは、おのおの木切れを選び、釘打ちの練習をしています。

年長児と一緒に活動するだけで、楽しいのです。

年長児の中に、小学校受験をする仲間がいる年は、入学テストの十月頃には、好ましくない「低気圧（変な空気）」が現れます。受験塾で追い込まれだした子どもたちは、園内に不思議な雰囲気を作り出します。私はこの現象を「好ましくない低気圧」と名付けています。妙にトゲトゲしくなったり、理由もないのに小さいお友達をいじめてみたり……と、種々の現象が現れます。こんな時、できる限り年長児を戸外の活動へと誘います。

戸外では椅子を作る木工の活動やペンキ塗り等々を行います。作業を一緒にしながら世間話をします。一人ひとりのカウンセリングには、とても有効的だと考えています。

マイチェアーを作る

よしかず君は、同じ長さの木材を並べ始めました。長短、四種類の木材があります。分類が終わると、彼は両手を腰におき、「よし、やるか！」と一声。

彼の頭の中には、説明書がインプットされているのです。もう紙を見ないで、仕事が始まります。

四本の足になる木材にボンドを塗り、すでに開けられた穴に打ち込む作業です。単純な活動ですが、本体の木を傷つけないように「当て木」をのせ、その上から打ち込むのです。

五歳児には、大変なパワーを要します。弱い力では、木は穴に入ってくれません。何度も、何度も、力を込めて打ち下ろさなければなりません。

少しずつ体が温かくなってきます。着ていたジャンパーも脱いでの作業となります。

園の前を通る人も、時々足を止めて見学して行きます。

「お！　チビッコさん。がんばれ！」

何よりの応援です。ギャラリーが多いほど、よい格好ができるのは、今日の子どもたちの特徴でしょうか。

よしかず君の四本足が完成しました。第一日目は、ここまで。

単に木を穴に打ち込むことですが、うまくいかない時は、「のみ」を使っての調整も行います。

第二日目は、釘を打つ仕事が主です。

よしかず君は、さっきから釘を数えています。座る板が三枚と、背当ての板が二枚。おのおのに四本の釘を打つので、四かける五で、二十本の釘がなければなりません。

「いち、に、さん……」

と二十本の釘が入っていることを確認、彼は、私にオーケーサインを送ってきます。

他の仲間は、まだかけ算をやっていないのですが……。

よしかず君の助けで、各自二十本の釘があるかを確認します。

座る板を受ける木材が細いので、うまく打つためには、両方の木材に穴を開けておく必要があります。下の板は少しの穴でよいのですが、上の板は、完全な穴を開けます。

昔は、「キリ」を使いました。今日の子どもたちは、これが使えません。

したがって、手動の木工用ドリルを使っています。

板の上に片足を乗せて、印された場所にドリルの先を当て、右手で回転運動をさせながら、左手ではドリルを垂直に立っているように保たなければなりません。

少なくとも十二カ所に穴を開けなければなりません。集中しないととんでもないところに穴が開く結果となります。

穴開けが終わると、釘で打って、「マイチェアー」の完成です。

＊＊＊

この活動は三歳、あるいはそれ以上前から始まった、目と手の協応能力を高めたものです。

今日の多くの子どもたちは、釘を打つ経験すら少ないのではないでしょうか。

また、正確に釘を打つためには、目と手の協応能力だけでなく、右手の肘を少し上げるようにしないと、釘を真上から打つことができません。

斜めから打つと、釘は、曲がってしまいます。三、四歳児は、この体験をたくさんすることが必要です。自分で発見する体験は生涯の宝となります。

さらに、希望者があれば、ペンキ塗りもします。もちろん自分で塗るのです。

檜の白木のチェアーもとってもよいものです。置いておくだけで木の香りが室内を満たします。また、白くペンキで塗られたチェアーは、水ぬれに強いため、お母さんの植木置きに役立つこともあります。

お父さんが座っても、壊れないほど丈夫な椅子のでき上がりです。

白木のチェアーなら二日で完成です。ペンキを塗ったチェアーは、五、六日でお持ち帰りとなります。

マイチェアーを持ち帰る時のよしかず君の満足な顔は、今も忘れられません。内気な彼が、物事を着実に、一歩一歩進め、数能力の素晴らしい面をしっかりと持ち続け、みんなを手伝う姿は立派です。どの子もマイチェアーに座って写真を撮ります。

完成と共に、制作のプロセスで内面が変化し、種々の体験によって、心が大きく成長したのが分かります。「やったー」の一言の中にすべてが織り込まれています。

●「一人通園」へのトライ

年長になると、「一人通園」を私の方からお誘いします。「ご両親でよく相談なさってください」と言って……。

お二人が賛成となれば「一人通園」を一歩一歩始めてみましょう。

この突然の提案が一人っ子の家庭では、いろいろ物議をかもし出します。

これは小学校に向けての遠い準備の一つです。ご両親のオーケーが出た子どもだけトライします。

園で行っている自立を助ける活動の一つです。

五キロほど離れた隣町から通ってきているやっちゃんは、毎朝お母さんの車での通園です。年中からは自転車通園となりました。

年中の終わり頃から、やっちゃんは自転車から降りて、お母さんの自転車の横を走るようになりました。ただし朝だけです。帰る時は自転車に乗せてもらいます。お母さんはお店を手伝っているので、帰りは早く着きたいからです。

やっちゃんは夏休みの間に、園までの道をお母さんと一緒に研究しました。

年長の二学期が始まると、やっちゃんは毎朝一人で家を出発します。小走りで五十分はかかります。毎日毎日、朝のランニング登園が始まりました。園に到着すると、直ちに先生がお母さんに電話を入れます。安心、安心です。

やっちゃんのランニングは、卒園するまで続きました。

＊＊＊

「おはようございます！」と海君の元気な声がします。毎朝のことながら相手を見てビックリです。時には、五十歳代のおじさん、また時には二十歳代のお姉さんやお兄さん。みんなサラリーマンの人々です。忙しく会社に向かう人々が海君の朝の挨拶のお相手でした。

海君は西武線の江古田から通ってきています。彼は電車遊びが大好きな年長さんです。体が大きく、気持ちの優しい五歳児です。しかし電車に乗るのが、嫌いなのです。電車の臭いがいやなのです。だから、毎朝、園まで歩くことに決めました。

園までは三十分ほどの道程です。一学期から一人で歩いて通園を始めています。

「僕は、道博士なんだ。どこにジューススタンドがあるか、みんな知ってるんだ」

と、お弁当の時間に、突然彼から話し出しました。

海君は、毎朝、登園までに、いろいろな人と挨拶を交わします。お話をし、ひと仕事をしているのが分かります。一人通園を始めた子どもは、自立の印がよく見えます。自分一人で走ったり、歩いたり、信号を自分で確認し、自動車をよく見て、事故に遭わない配慮をしなければならないからです。

お弁当を食べないと目が覚めない子どもとの差は、大きいと考えられます。

＊＊＊

西武線下井草の切符売り場で、私の横に立っている百合ちゃんは、やおらリュックをおろし、中から長い一本の棒を取り出しました。よく見るとお母さんが台所で使っている長い菜箸です。彼女は、コインを出すと投入。「小平」と書かれたところをその菜箸でプッシュしました。

周りに居合わせたご婦人方から、「よくやったね。ご立派よ」とのおほめの言葉をいただきました。これは、百合ちゃんのお母さんのアイデアです。人に頼んでやってもらうのではなく、子どもが自分一人でできるようにお母さんがひと工夫したのです。これで大人に頼らず、自分でやるという子どもの自尊心が満たされます。あっぱれ！　お母さんの知恵袋ですね。

百合ちゃんはごく自然に切符を取り、バイバイと手を振って、改札にその姿を消していきました。

数日後、彼女は自宅から小平駅までバスで、さらに西武線を一人で乗り、下井草からまたバスで園までという通園を始めました。すべての道程を一人で行っています。

距離の遠近ではありません。一人通園が決まればご両親と園で、一歩一歩実現できるためのあらゆるお手伝いをします。一人で通えるようになることが大切です。どの子も必ずやりとげます。電車やバスの番号や行き先の漢字を読み、必然性の中で数や文字を学習します。

＊＊＊

アメリカ人のジョジョ君が、地下鉄で一人通園をした時のこと。「このことは、決しておばあちゃんに手紙で知らせてはだめ」とお父さんに約束させられたそうです。ニューヨークに住むジョジョ君の祖母が、「このニュースを聞くや、即アメリカから連れ戻しにやってきますよ」とは、お母さんの言葉でした。ニューヨークでは考えられないことですから。

国や地方による事情があります。子どもは風土や状況に合わせて、自立していくものです。五歳の子どもが自立していくためのお手伝いには、たくさんの知恵袋が必要です。

できることから、始めてみましょう。

〔注〕私たちの園では、毎年「年長児の一人通園」は、希望者のみが実践しています。このために両親の意見が一致する必要があります。かつて近隣の地区で幼児誘拐事件が発生した時は、少しお休みにしていました。今日も種々の事件が起きています。両親と園との相談で実践の具体的プランを立てるのが原則です。これは子どもの自立のための一つの試みであり、子どもの意志と両親の考えが前提となるものです。

●マイマフラーを作る

年少の時から、お姉さんの平織り機の横で、じっと見ていたマコちゃんは、いよいよ自分がその平織り機で「自分のマフラー」を織る時になりました。

どんなに我慢したことでしょう。昨日は、お母さんと一緒に毛糸を買いに行きました。自分の好きな色の毛糸を三色買ってきました。

朝から先生とデザインを考えています。縦のストライプですが、どの色を何本にするかによって、いろいろな模様ができます。

やっと自分の満足したデザインができました。先生は、色鉛筆で見せてくれました。決まれば、縦糸の整経は先生がやってくれます。しかし縦糸張りは、先生とマコちゃんの二人で行う協同作業です。

「縦糸が全部で五十本。右からこの色を十二本張って、次の色は八本、次に三番目の色を十本……」

左右対称になるように縦糸を一本ずつ織り機の綜絖（そうこう）に通していきます。縦糸が張れれば、半分はできたようなものです。この平織り機は玩具ではありません。専門家も使う本物です。ですから、織物のメカニズムが見えてよく分かります。

マコちゃんは、横糸に淡いブルーを選びました。これでブルーのマフラーとなります。三日間、マコちゃんの集中作業の始まりです。本当に三日間で仕上げてしまいました。お母さんのために、もう一本織ってあげようと思っています。

＊＊＊

マコちゃんは毛糸を買いにいく前に、先生から色のことについてお話を聞いていました。「色相環」ということについてです。十二色の色相環や二十四色の色相環があります。

そのおかげで、毛糸屋さんではお互いの色が引き立て合う「補色関係」について言

平織り機でマフラーを作る

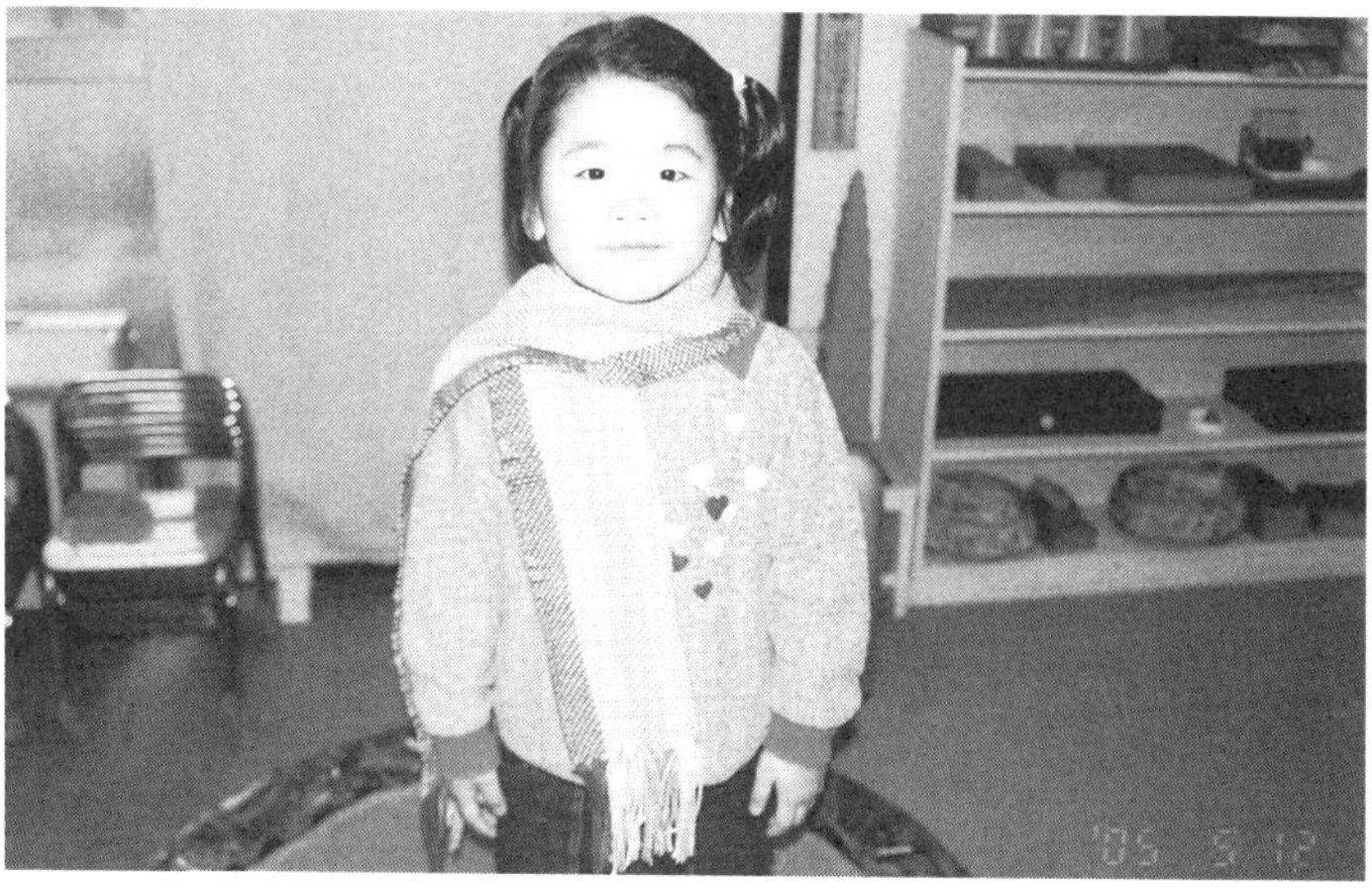

マイマフラー

うとビックリされました。でも、とっても大切なことでした。

美しい色のグラデーションの中から、色の明度や彩度の合うものを選ぶことができました。同じブルーでも、いろいろなブルーがあることが分かりました。

必要に応じて必要なことを学ぶ――それが本当に身につく学習です。

子どもたちには、何でも買い与えるのではなく、子どもたちが自分で使うものを自分で作れるのだと体験した時、「もの」を大切にする心が養われ、今まで無関係だった人の作るものへの興味、関心が深まってきます。

マイマフラーは、世界に一つしかない大切なものになります。

〔注〕年中児は、手作りの「リリアン」でマフラーを作ります。
年長児になってやっと市販の平織り機で自分のマフラーを作ります。
この織り機は、二、三万円のもので、手芸店で入手できます。是非お試しください。

手のひらのことば

● 12 ●

学んでよかった、やって楽しかった、という満足感を味わったことがありますか？

伸びたい、発達したい、知りたい、もっとやりたいという内からくる衝動は、子どもを突き動かす基本的な力です。

この内的パワーは生涯働き続け、子どもを大人に育てていきます。

達成感や満足感は、自信を作ります。

生涯にわたって、自分の内的パワーを育て続けることは、子どもをその道の専門家へと導きます。

●本当に使える食器を作る

「お母さん、これに入れて！」とユウキ君は、カルピスを入れるのに、自作の湯飲み茶碗を持ってきました。夏冬問わず、ユー君のお気に入り、マイコップなのです。重くて、少々お母さんに嫌われています。色は美しいペルシャブルーの釉薬（うわぐすり）がかかっています。

年長の頃の作品です。私たちの園では、毎年卒園を記念して、母と子で各自一点、陶器を作ることにしています。数年前、ユー君は湯飲み茶碗を作っていました。お母さんは、少し深い鉢を作りました。今も残っています。

「美しいお団子を作ってください」
「こんどは、真ん中に置いてたたいて」
「回転させて、丸を切ります」
「またまた、お団子です」

陶器作り

「それを蛇にしてください」
「丸の上に蛇を一周させましょう」
「またまた蛇です」
「またまた重ねて……」

茶碗作りの風景です。陶芸のために、子どもたちに「お団子作り」を勧めます。
最近は、「美しいお団子」を作れる子どもが少なくなってきました。
お砂遊びでの修業が大切です。

ユー君が毎日使うのは、壊れればまた作りに行ける安心感があるからです。
自分の作ったものを、毎日の生活の中で使える心の豊かさは、何にも代えられません。色や形のおもしろさに目覚め、さらに器によって料理の味までが違うことが分かってきます。ユー君の心の中に、生活の中で使うものへの興味が拡大していきます。時々、お母さんと行く美術館でも陶器に少し興味が出てきました。

五歳児は豊かな感性と熟練した技で、いろいろな創作活動を展開していきます。彼らの好みとリズムにまかせ、好きな時に、好きなだけ活動させてあげます。年長の十月は、もう小学生と同等のあらゆる能力と意欲を持っています。幼児期の脱皮の時期と言えます。

7　私は「小学生」！　【六歳】

●ある小学受験

私学を受験したレイちゃんは、四歳の時からお母さんと一緒に塾に通ってきました。幼稚園で三歳の時から、いや一歳半から通って覚えた「わらべうた」が大好きです。受験のための追い込みが始まった教室で、いやな時は自然とわらべうたを歌っています。頭の中は楽しいことを思い浮かべ、わらべうたで満たされています。お母さんは、教室の外から時々視線を送ってきます。声を出さないで歌っている口元をお母さんは知っていました。

レイちゃんは、自分が一番望んでいた小学校に合格しました。塾から薦められた少しレベルの高い学校は四つとも残念でした。

塾はそのためにたくさんの教室へ通うことを提案し、お母さんもレイちゃんのために、「もしかしたら、この学校に合格するかも……」との思いから、レイちゃんといくつかの特別の教室を通い続けました。資料は山ほど届きます。電話帳何冊分にもなる量です。

お母さんの報告によれば、「レイは自分のレベルが分かり、自分で決めた学校に実力で入りました。他の薦められた学校は企業のペースに乗せられたと言えます。親の欲目を完全に読まれた誘いでした。親も賛同したのだから仕方のないことかも知れません」とのことです。

しかし、子ども一人一人には個性があります。無理なトライは、だれが見ても無理なのです。

レイちゃんは、受験という荒波の中で、塾に通いながら「自分のリズムと個性」を自分で守り続けたと言えます。企業と母親は、一丸となって彼女に向かってきたことでしょう。レイちゃんはわらべうたを盾に、自分を守り続けることができたのです。

すべてが終わって、レイちゃんのリズムは、以前の静かなリズムに戻ります。

彼女は、自分が決めた学校に入学できた自信をしっかり持っています。入学式の後、制服で挨拶に来た彼女の目は、輝いていました。

●受験システムが作り出す「悪」

毎年、受験を準備し始めるお母さんにお願いすることがあります。

それは、「その子が合格できる学校を必ず選択してほしい」ということです。すべて不合格という体験は、決してさせないでほしいのです。

今までお話ししてきたように、子どもたちはとってもプライドが高いのです。

合格すれば大人は大喜びです。「おめでとう！」の連続です。しかし不合格の時は、ごまかします。その件になると話をそらします。これでは、子どもの心の傷は癒されません。良い時も悪い時も、親子で必ず「締め」をする必要があります。それは、その後の親子が、前向きに歩むために必要な作業だからです。決して、子どもをごまかさないことが肝心です。

また、私たち幼児教育に携わるものが、受験テストの内容を知る時、単なる選別のために、ここまで難しくする必要があるのかと驚くと共に、小学校二・三年生のレベルの問いかけがなぜ必要なのか、理解に苦しみます。

幼児の心理発達や思考の発達を知っている教育者なら、決して問いかけてはならない設問ばかりです。受験塾は学校の理不尽な問題に対して、さらに高度なところまで、子どもたちを引きずり上げようとします。子どもたちが、入学後、燃え尽き、意欲がなくなり、性格が安定しないのは当然のことで、受験システムが作り出す「悪」としか言えません。大人もみんなが体験する事実。それは、「受験勉強で得たものは、その後、何の役にも立たない。ただ、その門を通りすぎるために必要だっただけだ」ということです。

たとえ子どもが小学校受験に失敗しても、中学、高校、大学受験への意欲を失わないようにするには、お母さん方の知恵が必要です。時には、私は直接お母さんに伝えることがあります。

「あなたのお子さんには、国立の小学校を受験させてみてください」

またある方には、

「あなたのお子さんには、この学校の受験を始め、すべての小学校の受験はあきらめ、中学校受験を選択なさった方がベターですよ」と。

それは、私の単なるアドバイスですが、私の本意は、お母さんに、できるだけ客観的にわが子を理解して、どうすれば本人の能力が開花するかを考えてほしいということにあるのです。ここに入れば、単に「楽」であり、大学までエスカレーターに乗れるから――そんな風に安易に考えないでほしいのです。

決してそんなに楽な道はありません。子どもは、自分の道は自分で切り開いて歩むように自立させることの方が大切で、無理な小学校受験よりも、本人がその気になって、自主的に中学受験に向かう方が、はるかに本人のためになると思います。

手のひらのことば

13

あなたは、新しいことを学んだ時、それを何度も繰り返し繰り返しやったことを覚えていますか？

何かができるようになると、子どもはそれを何度も何度も繰り返すことで、さらに上達していきます。子ども特有の反応です。

子どもを夢中にさせるのは何でしょう。何かができるようになった自分への誇り。
この誇りは自分のなしとげたことをしっかりと受け止め、自信を生み出します。

●就学検診

突然の電話で、ある日、お母さんと娘さんに会うことになりました。娘さんは六歳、もうじき一年生です。相談内容は下記の通りです。

「娘は、今まで区立の○△学園（区の教育研究所が運営している特別の保育施設）に通っていましたが、親は、小学校は四月から普通学級に通わせたいと思っています。娘は反応がほんの少し遅いことと、言葉がゆっくりりしか話せないのです。特別知的に遅れているわけではありません。

先日の就学検診で、校長先生から特別学級か養護の方へ行かれてはいかがかと言われました」

お母さんの問題は、

①　娘を普通学級に入れたいこと。

②　就学検診で言われたことに対する不満。

③　本当に娘はそんなに遅れているのか。

と三点にまとめることができます。結論から先に言いましょう。

①　娘さんの遅れは、後一年で何とかできる可能性があること。

②　お母さんが普通学級に入れたいのなら、就学を一年延長して、準備すること。

③　一年間、私どもの園でお預かりして指導するスケジュールに協力すること。

小学生になることをだれもが待ち望んでいます。そのまま、元気に通学できる子どもたちとそのお母さんは幸いです。しかし、幼稚園、保育園時代にいじめをうけて不登園になった子どもたちは、新しい集団「小学校」へのステップは、非常に高いと言えます。

大人の社会的面目と世間体で「うちの子が、学校へ行けないなんて、恥ずかしいことだ。申し訳が立たない」と非難が始まります。

「みんながしていることだから、お前もできるはずだ」と、父親は一般論で子どもを追い込みます。

親の心のうろたえと焦りが現れます。こんな時ほどお母さんの知恵袋です。

① 子どものリズム（発達の）を守ってやってください。
② 子どもの性格も人格も守ってください。
③ その上で必要な対策を取りましょう。

親が子どものために働く時、道は必ず開けてくるものです。その際に、自分の子どもの現状を正しくありのままに把握することが何よりも大切なことです。父親がよく語る一般論や人生論では、決して痛みを持っている子どもを救うことはできません。一人ひとり、その子に合った具体的なものでなければなりません。

＊　＊　＊

「そんなこと、できるのですか？」

「はい、今までも何人もやってきましたよ。親にとっては、学校法人以外に子どもを預けることは、軽犯罪になります」

「………」

「でも、実際、何も起こりませんよ」

子どもは義務教育を受ける「権利」があります。親は、法的に「義務教育を受けるために学校法人に子どもを通わす義務がある」のです。この義務を怠る時、「軽犯罪」となるのです。

その日から、娘さんは私たちの園でお預かりすることになり、彼女のトレーニングのプランが立てられることになりました。

ご両親の意見が一致していることが何より大切です。彼女のために「ベターな選択を」とご両親が決められたのですから。

ご両親は、区の教育委員会に「一年間就学を猶予すること。次の年には必ず就学検診を受けさせてほしいこと。この一年は子どものための教育を親が責任を持って行うこと」を伝えました。就学検診を行った校長先生にもその旨を連絡しました。

娘さんは、半年で、「読むこと、書くこと、数えること」ができるようになりました。

私どもは、特効薬を飲ませたのではありません。今まで述べてきたように、その人の内的リズム、その人の好みを大切にして、自信をつけてきただけです。

毎日毎日積み上げる教育です。特別のものではありません。

彼女の口からよだれはピタリと止まり、彼女の目に力が入ってきました。

従来から明るい性格でしたが、大きな声で笑うようになりました。

以前の園ではウロウロするだけで、発達に伴う個人的な教育は、一切なされていなかったように感じられます。

他人任せは禁物です。親がしっかり見守り、手伝う必要があります。さらに子どもが、今、どこを歩いているのか、発達の上から事実を見る必要があります。


一年たち、彼女は昨年の小学校で、同じ校長先生の就学検診を受けることになりました。検診を終えた校長先生の第一声、

「どうして、こんな風に変わりましたか？」

「この一年、何をしたのですか？」

彼女の素晴らしい変化に、校長先生の驚きの言葉でした。ご両親は、この一年の報告をしました。

彼女は、この四月、ルンルン気分で小学校に通い始めました。

＊＊＊

小学校のステップが、少し高い時、一年間就学を猶予することで、子どもは楽しく通えるようになるのです。一人ひとりの発達に応じた就学の時があってもよいように思います。

助けるのは親です。私どもは必要に迫られ、子どもを手伝いたい一心で、種々の方策を実践してきました。

「どんな子どもも、普通学級に通わせたい」

それは、子どもの発達によいからです。子ども集団が多様で、人間関係が豊かになる。人格が大きく開花するチャンスなのです。

○歳から六歳まで、実践を中心に「お母さんの知恵袋」になるものをお伝えしてきました。次は、ご自分のお子様に実践していただくことのみです。一人でだめなら、二人、三人と、お母さん方の知恵を出し合いましょう。

㊤㋨㋪㋶㋨㋙㋣ば

・14・

子どもを軽くあしらわないでください。

一人の尊敬に値する人格として接してください。

子どもは、尊敬を持って接しているか否かを敏感に感じ取ります。

一人前として認めて接する心が必要です。

子どもの言葉に耳を傾け、気持ちを大切に受け止めてください。

子どもの意見を一つの意見として、家族のみんなで話し合いましょう。

子どもは自分が家族の大切な一員であると強く感じるでしょう。

そして、子どもの心に思いやりが生まれます。

第3章　遊びながら言語と数を覚える

1　言語について

私たちは、毎日の生活の中で、自由に使っている母国語（日本語）にまるで空気のように馴染んでいて、あまり意識することがありません。

「ほっておいても、子どもは日本語を学ぶもの」と思い、子どもへの配慮を忘れることがあります。子どもが、話し始める前から、親は子どもの言葉に注意を向けてほしいと思います。

子どもたちの言語の世界には、次の二つの大切な分野があります。

（一）　話し言葉

（二）　書き言葉としての文字

「話し言葉」と「文字」を吸収し、自分の血肉とすることは、ヒトとして進化するために欠かせない前提となるものです。

（1）話し言葉を吸収する

アーウーという一音を発する喃語（なんご）から、指さしが加わり、自分の意思を伝達する子どもたちは、二歳のある時、「言葉の爆発」が現れ、一気に溢れ出す水のごとく、おしゃべりが始まります。二歳児の言葉の発達分析は、少し以前に触れておきましたが、ここで対象とするのは、主に三歳児以降の話し言葉になります。

●誰がどうしたの？　〈総主語（S）1　述語（V）1〉

三歳児は、耳を大きくして大人の話し言葉を吸収します。自分でも使ってみて、周りの人々の反応を楽しみます。

三歳児のヒナちゃんは、毎朝登園して、「おはようございます！」の第一声が終わると、出席帳にシールを貼る前からおしゃべりが始まります。月曜日の朝は報告することがいっぱいです。「あのねえ、あのねえ……」言葉がついてゆきません。両親と最近誕生した、弟君の報告がいっぱいです。

この世間話が大切な話し言葉の時間なのです。子どもの報告をよく聞いてあげましょう。うわのそらで聞いてはいけません。子どもと目線を合わせて、真剣に聞いてください。

家庭で、お母さんが、今日一日の園での報告を子どもから聞く時も同様です。

ひとしきり話し終わるのを待って、私からの問いかけが始まります。

「誰が　肩車したの？」

「お父さんが　」

「お父さんが　肩車したの。よかったね！」

または

「お父さんが　どうしたの？」

「お父さんが　くすぐったの」

「くすぐったの。　くすぐったあい！」

ここでは、世間話の中の文章を利用して、子どもに「誰がどうした（総主語、述語）」という構文を確認しようとします。それを見せて構文を確かなものとする時には、A3用紙ほどの大きさの紙に印を書き、それを見せて構文を確かなものとします。

ここでは、文字は書きません。話し言葉の世界で、「誰がどうした」（S＋V）を印象付けることを目的とします。

後日、このカードを見せて話す時、子ども達は、「誰がどうした」という構文を思い出してくれます。（S＋Vは、英語教育で学んだ主語、述語の略です）

●誰が何をどうした　〔総主語（s）1　主語（o）1　述語（v）1〕

「お父さんが　だれを　肩車したの？」

「お父さんが　ヒナちゃんを　肩車したの」

「そう　よかったね」

また

「誰が　ヒナちゃんを　肩車したの？」

「お父さんが　ヒナちゃんを　肩車したの」

また

「お父さんが　ヒナちゃんに　どうしたの？」

「お父さんが　ヒナちゃんを　肩車したの」

「誰がどうした」と同時にカードを作り「誰が　何を　どうした」（s＋o＋v）の構文を紹介し、話し言葉の中で確認します。

この二つの構文は、話し言葉の中で　まず大切にしたいものです。

たとえ、話し言葉で総主語が　省略されたとしても、子どもたちの思考の中にはs＋o＋vの印が存在するようになるでしょう。目から印象づけられる印は、構文の本質と真の意味を理解させてくれます。是非やってみてください。

●誰が何をどうした　〔総主語（s）1　主語（o）2　述語（v）1〕

三歳後半から四歳にかけて　話し言葉は　さらに磨きがかけられます。

通常の会話から　冗談も言えるようになり、豊かな話し言葉の世界が広がります。

子どもの言語発達と共に新しい構文も紹介します。

目的語が二つある構文です。

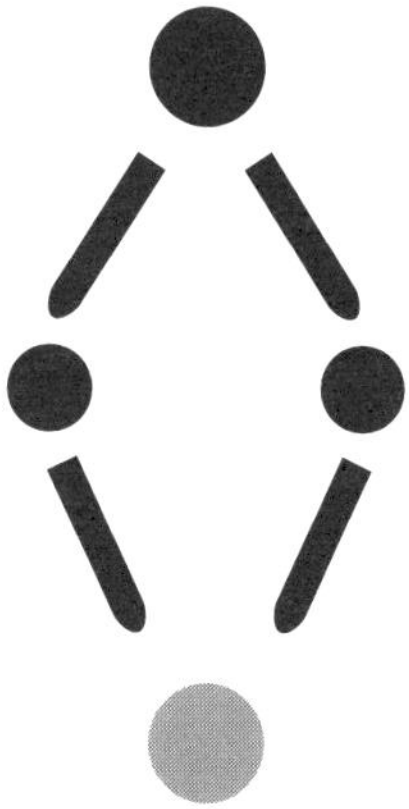

「お父さんは　誰と誰を　抱いたの」

「お父さんは　ヒナちゃんと　赤ちゃんを　抱いたの」

前述と同様に「誰が」と「どうしたの」の問いかけをします。

ここでは目的語が二つある構文になります。これは前述のｓ＋ｏ＋ｖの変形と言えます。

「お母さんは　バナナとオレンジを　買った」

「お父さんは　ボールとグローブを　買った」

等の応用表現ができます。

地球上のヒトの言語活動の中で、国語によってｓ＋ｏ＋ｖの並ぶ順序は変わることがあっても、総主語、目的語、述語の意味は変わりません。

「誰が　何を　どうした」は、人類の話し言葉の普遍の原理と言えます。

ですから、この構文を自分のものとした子どもたちは、自分の情報を整理して、話しやすくなります。構文が助けてくれるからです。

●どんな　いぬ？　〔名詞と形容詞〕

構文を吸収した子どもたちは、他方で表現の豊かさを拡げてゆきます。四歳、五歳に特有の発達です。三歳児に比較して　名詞の豊かさは、語彙の豊かさを実現します。名詞を手伝う形容詞の吸収は、さらに語彙を豊かにします。

「名詞」に「どんな」を付けるだけで豊かな表現が広がります。

「どんな　いぬ」

「大きい　いぬ、　小さい　いぬ、

白い　いぬ、　黒い　いぬ、

やさしい　いぬ、　こわい　いぬ」

子どもは、今までの体験の中から　犬の様子の豊かさを引き出します。たくさんの体験が、話し言葉をさらに豊かなものにします。

形容詞という語を知らなくても　子どもたちは「どんな」の意味で理解します。

「どんな　お母さんが　ケーキを　作ったの」

「優しい　お母さんが　ケーキを　作ったの」

または

「どんな　お母さんが　どんな　ケーキを　やいたの」

「優しい　お母さんが　大きい　ケーキを　やいたの」

母と子で、形容詞の世界をたくさん体験し、言葉化してください。それだけ感受性が豊かになっていくのです。「色、形、感情」を表現するのが形容詞だからです。

●どんなふうに　食べるの〔動詞と副詞〕

話し言葉の面白さは、動詞と副詞の豊かな関係に現れます。形容詞の次に、子どもたちは副詞の表現を探索します。

「お父さんは　ケーキを　どんなふうに　食べたの」
「お父さんは　ケーキを　むしゃむしゃ　食べたの」
（ゆっくり、そわそわ、ひとりで、さびしそうに、わらって、たのしく、くるしそうに、はなしながら……）

体験から引き出される副詞は、力があり　その状態が目に浮かぶようです。子どもたちの話し言葉の世界は、さらに広がってゆきます。

言葉の乱れを心配するよりも、幼児期にしっかりと話し言葉の成長を助けてあげましょう。

(2) 文字を吸収する

〈A〉文字への遠い準備

書き言葉としての文字の吸収には、長い時間を必要とします。ここでは 次の二点

について　三歳児以前に関係することをお話ししましょう。

①　文字を読むための遠い準備

②　文字を書くための遠い準備

誕生から始まる文字吸収の旅は、子どもそれぞれに異なるユニークさがあります。お母さんは、自分の子どものこの旅に、是非おつきあいしてあげてください。

●文字を読むための遠い準備

（イ）八カ月から始めるカード

お母さんの膝に抱かれたマリちゃんは、お母さんがめくる絵カードをじっと見つめています。絵カードには、美しい絵が描かれています。犬や猫、馬や牛、自動車や電車と、種々の絵がいっぱいで、楽しみです。

お母さんは、カードと一緒にそのものの名前を優しく声に出してくれます。八カ月でまだ発声ができないマリちゃんは、お母さんの声に集中します。

「これは、猫です。　ニャンニャン」

「これは、犬です。　ワンワン」

「これは、トマトです」

「これは、リンゴです」
・・・・・・・・・・・・

十枚足らずのカードをお母さんと一緒に読む時間です。一日に数回、赤ちゃんのご機嫌の良い時に行ってください。一週間もすれば、カードの半分ほどを新しいものと取り替えましょう。赤ちゃんのパターン認識を考えての変化です。

本人の好きなカードは、いつまでも続いて登場します。

赤ちゃんとカードの距離は、十分に配慮してあげましょう。よく見えるためにいろいろ工夫してみてください。カードの大きさは、一辺が30センチの正方形のカードが良いでしょう。一枚のカードに絵を一つ描いてください。時には写真を貼るのも良いでしょう。

（ロ）一歳半からのカード

自由に動き出し、二足歩行のできる頃には、自分の生活環境のものを知っています。子どものものの認識活動の中に、少しずつ文字を登場させる頃です。

ここでは、一辺15センチの正方形カードを十枚ほど　各絵を二枚ずつ作ります。一方には、ひら仮名で　名前を書きます。もう一方には名前を書きません。別に名前カードを作っておきます。

活動①　まず、名前のあるカードを左から右へ並べます。絵の名前を言いながら。

活動②　名前のない同じ絵のカードを前の並べたカードの下に置きます。
（同じ絵を合わせるカード合わせ）

活動③　できれば名前カードを読んで、前の並べたカードの下に置きます。
（文字が読める頃に使います）

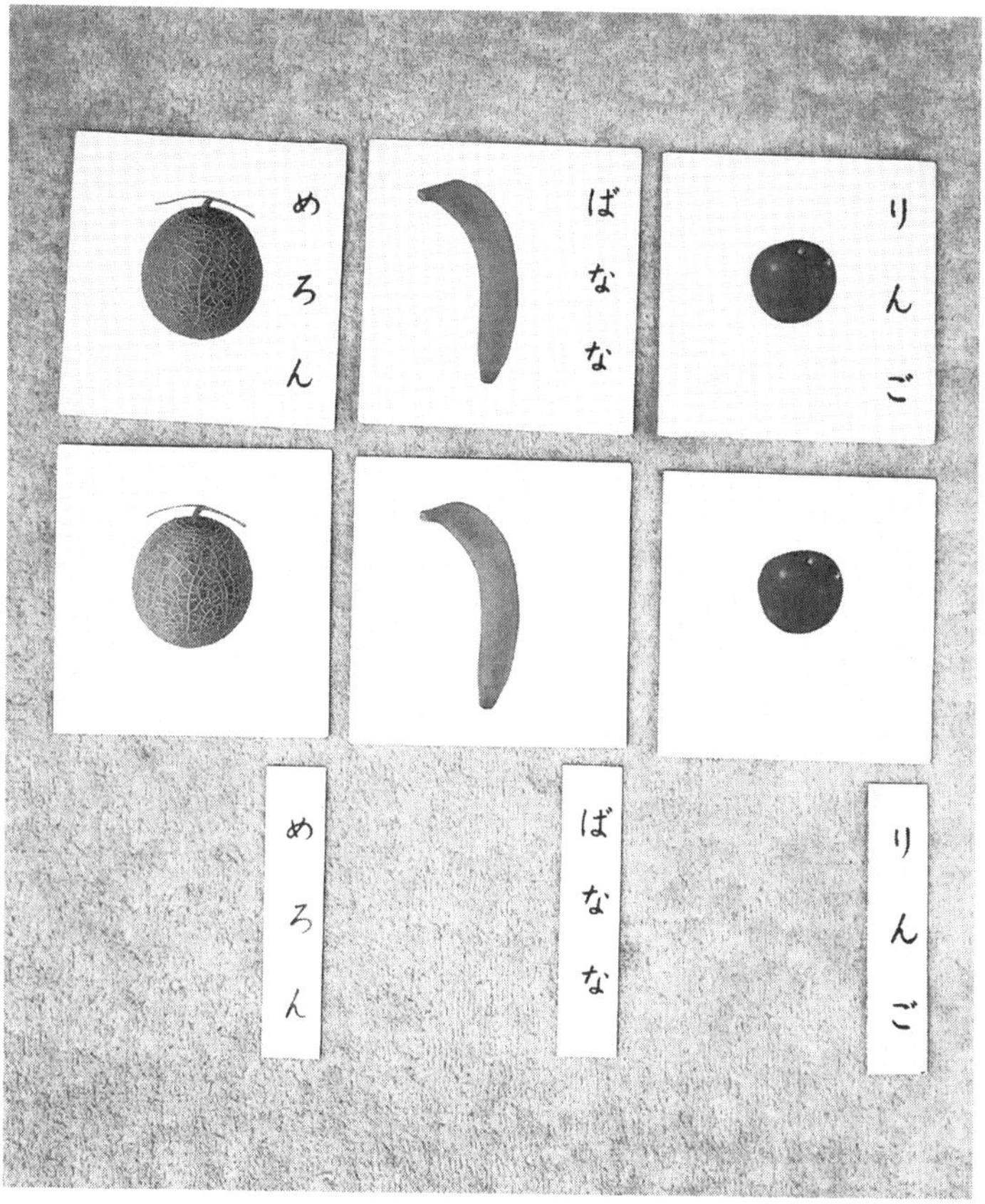

絵合わせカード

この絵合わせカードを、子どもの興味に合わせ、たくさん作ると良いでしょう。絵合わせから少しずつ進み、文字に気づいてゆきます。同じ文字が書かれていることを発見します。絵合わせカードは、年長児に至るまで種々に変化、発展してゆくものです。

●文字を書くための遠い準備

（イ）クルクル大好き

あきら君のお母さんは、余った節分の豆をお皿に入れて取っておきました。そして「子どもの家」で見たような、小さい手回しのコーヒーミルを探しました。確かお父さんの使わなくなったものがあるはずです。

やっと見つけ、お豆を入れてゴロゴロとひき始めました。それをじっと見ていた一歳半のあきら君がそれに挑戦します。「きな粉ができました！」あきら君は、何回も何回も挑戦して、クルクル回しが大好きになりました。

コーヒーミルとすり鉢

早速自分の作ったきな粉を食べています。とっても満足です。

この活動とよく似たものに「ごますり」の活動があります。スプーン一杯だけ黒ごまをすり鉢（小さな）に入れて両手または片手でごまをすります。良い香りがします。ごまがプチプチと言ってつぶれます。すり終わると食べます。

二つの活動に共通することは、右手（利き手）による回転運動をすることです。できれば「右回転」を指導します。なぜなら、将来ひら仮名を書く時は、右回転の運動が必要だからです。

楽しい活動も、将来の文字書きを準備す

る配慮があるのです。

ご家庭でも、どこでもできる活動です。子どもたちも大好きです。

是非、家庭でやってみてください。

（ロ）クレパスで描く

あきら君は、絵を描くのが大好きです。時にはクレパス、クレヨン、マジック、絵の具筆……といろいろな道具を使います。

腕を大きく動かすこと、手首を柔らかくすることが準備となって、子どもは自由に絵を描くことができるようになります。

書くための遠い準備としては、できるだけ太い筆記用具を持って描くことから始めます。そして、少しずつ細い用具へと移ってゆきます。初めから細い用具を持てるお子さんは、問題ないでしょうが、太い用具を持って描く方が楽しい活動となります。いわゆる筆圧が少しずつできてきます。

ここでも右回転を大切にしてゆきましょう。子どもが回転運動の絵を描く時は、右回転へ導いてあげましょう。（左利きのお子さんは、左回転が基本となります。最近では、左利きの子も右回転を練習して、吸収しています。わが子をどう導いたらいいか、子どもの様子を見ながら、お母さんが判断してあげましょう）

〈B〉文字を書く

三歳を前に、多くの子どもたちは、ひら仮名を読み始めています。ひと文字、ひと文字ゆっくりと読みます。この頃の幼児たちの文字への興味を助ける方法がいくつかあります。

ご家庭で実践できるものをご紹介しましょう。

●自分の名前カード

子どもの多くは、自分の名前から　ひら仮名を吸収してゆきます。ここでは、自分の姓名を読むこと、書くこと（筆順も含め）を目的とした活動を紹介しましょう。

お母さんは、長方形の少し厚めのケント紙（20センチ、横11センチ程度）に、姓と名が二行で書ける程度の大きさの文字で姓名を太く書きます。

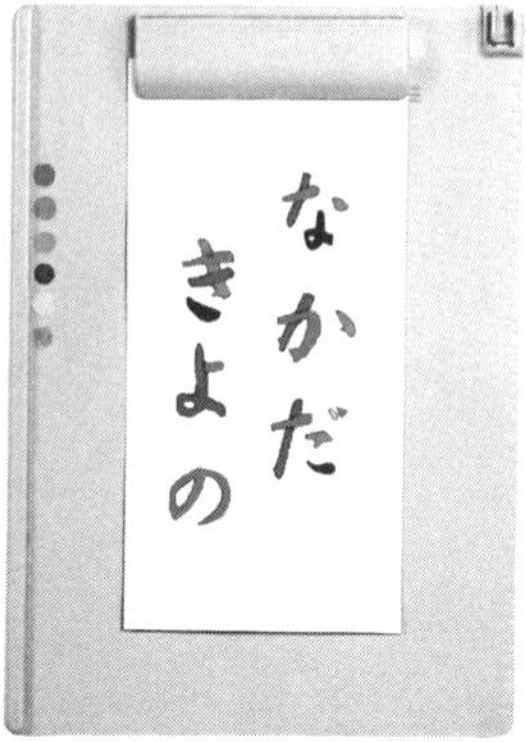

自分の名前カード

紙の左端に市販の9ミリシールで良いのですが、上から筆順の数を考慮して4から5個、色を変えてシールを貼ってください（たとえば赤、青、緑、黄、黒）。そして姓と名を書く時は、ひと文字の筆順の第一番目を赤、第二番目を青、第三番目を緑……のマジックで書きます。

たとえば「い」は、左側を赤で、右側を青で書くことになります。

これで材料の準備は完了です。次に活動です。

活動①　このカードを指でなぞる。
　　　　筆順は、シールの色で分かります。

活動②　ある程度進むと次にお習字の半紙やトレーシングペーパーを細く切って、ケント紙と用紙をバインダーではさみ、フェルトペン（少し太めのもの）で書いてみる。

何枚も書くようになると綴じてあげましょう。一枚一枚に日付を入れておくと、良い記録になります。作ったケント紙のカード一枚一枚にブックカバーをかけておきましょう。より丈夫で長持ちします。

●五十音カード（その1）

前述のような大きさのケント紙で、五十音を一枚ずつ書いてあげましょう。五十音ですから　五十一枚必要です。その時　バインダーにシールを貼っておけば筆順は、子どもが理解してくれます。

さらに、濁音、半濁音や、カタカナの五十音も作ってあげると良いでしょう。

五十音カード（その1）

●五十音カード（その2）

子ども達の読みと書く活動が、進むにしたがい、いろいろな手作り教材のために、お母さんの知恵が必要となってきます。ここでは、「五十音カード」で、ひと文字ずつ独立した小さなカードが活動の基本となります。

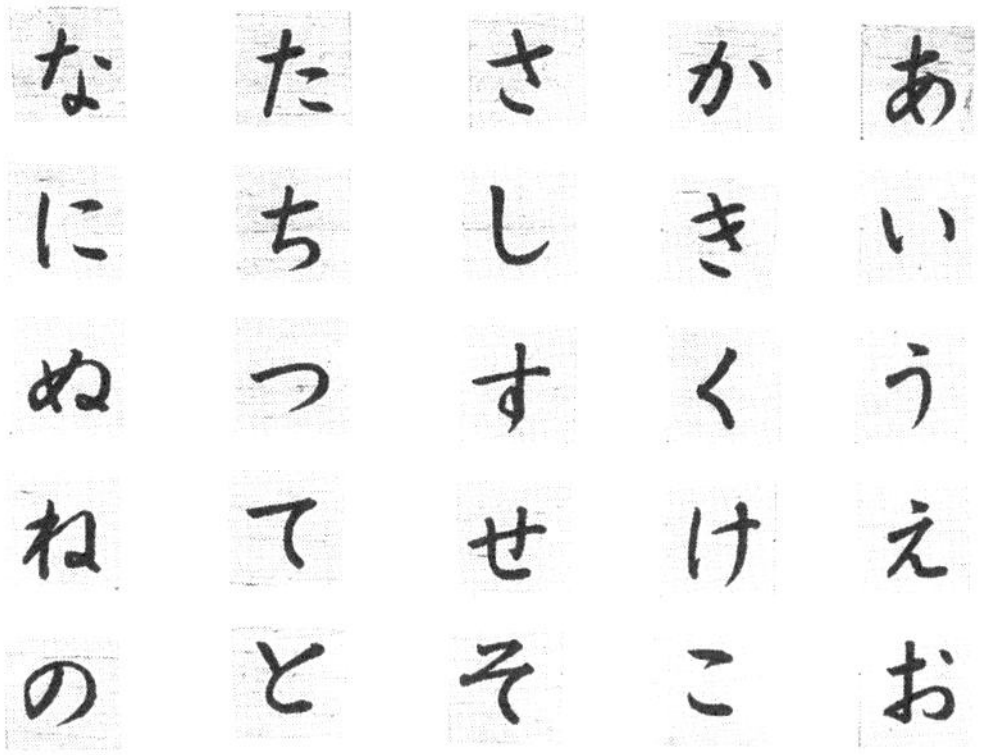

五十音カード（その２）

教材作り

①縦、横4センチのカードを作ります。「あ」を7枚、「い」を7枚、・・・と各文字を7枚ずつ作りましょう。（五十音全部、各7枚ずつ作ることになります）

②文字は「教育ひらがな」を使いましょう。丸文字や雑誌の付録は避けましょう。

③菓子箱か何かの箱を利用して、区切りを入れ、「あ行」「か行」と並べられるようにしましょう。

カードは、パウチすればもっと丈夫になります。

活動　①

三歳のきよちゃんは、絨毯の上に　五十音のカードを並べては、自分のノートに並べたものの名前や人の名前を書くのが好きです。はじめは、先生に並べてもらっていましたが、最近では、自分で並べることができます。

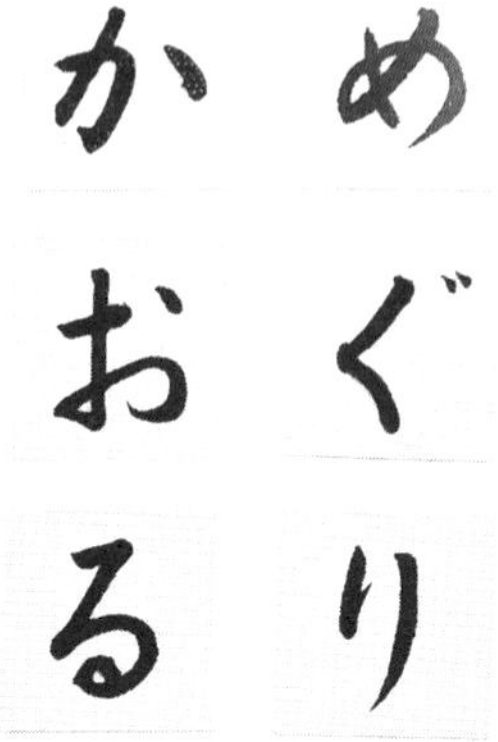

五十音カードを並べる

このように、カードを並べる遊びは、書くための近い準備と言えます。

文字を上手に書けない子どもたちは、カードを並べることにより、書くことへの心理的満足を満たします。文字を並べることは、即書く行為へ進むと考えても良いでしょう。

きよちゃんも上手に文字を書けないので先生に点々で書いてもらい、その文字をなぞって書いています。それで良いのです。

活動　②

ものの名前が書けるようになると、さらに進めましょう。手作りカードを並べ、短い文章を作ってみましょう。そして、話し言葉の時にお話ししたような、総主語、主語、述語を書けるようになると、お手紙が書けるように発展します。

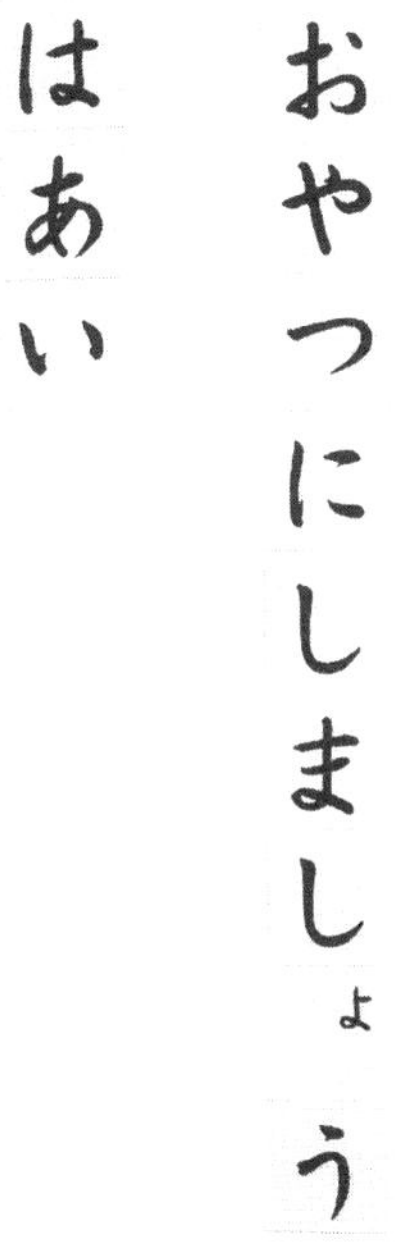

五十音カードで文章を作る

カードを並べて、文を作る楽しさと満足は、幼児期の言語活動の大切なステップです。

お母さんのちょっとした知恵と作業によって、子どもたちの心は、大きく満たされることでしょう。

お母さんが作ったのだから使いなさいと、無理にさせないでください。

子どもの興味に合わせて、一歩一歩拡大してゆく時、子どもと一緒に歩む幸せを感じさせてくれます。くれぐれも急がずに、楽しく行いましょう。

女の子は、三歳から文字が書けるようになると、お互いに「お手紙遊び」が始まります。個人差もありますが、一般的に、男の子はもう少し後になります。

いずれにしても、人間として、文字の書ける喜び、楽しさを大切にしてあげましょう。書けるからといって、種々の課題を与えるのは、避けましょう。

ただし、年長児で上手に書ける子どもには、課題を与え、カルタや説明文を書かせるのも良いでしょう。くれぐれも個人差に注意して、書くことを嫌いにさせないことです。

手のひらのことば

● 15 ●

子どもと話す時は正確に、ていねいに話すように心がけてください。

話し始めの子どもは、絶えず新しい言葉を吸収し、それを使って自分の気持ちや考えを伝えようとします。静かに聞いてあげることは、子どもの話す能力を伸ばす最高の手助けになります。

あなたがていねいに答えることによって、子どもは名詞や動詞を正しく発音し、使えるようになるでしょう。

2　数について

（1）生活の中の数

「どっちが大きいの？」、「この中で、一番大きいのはどれ？」と、みかんや積み木で問いかけると、一歳半のクルミちゃんは、みごとに正しく答えてくれました。

これは、早くからクルミちゃんが生活していく中で、比較する力や最上級のものを認める感覚を養ってきたからです。生活の中のこの能力が、「数」につながっていきます。

お母さんの中には、お手玉やおはじき、竹返しなどの遊びをなさった方がおありでしょう。

昔の子どもたちは、遊びの中で、自然と「数えること」に親しんでいました。今日の子どもたちの遊びの中で、体で数を体験することがあるでしょうか。

縄跳びやトランポリンが思い出されます。「郵便屋さん　落とし物　拾ってあげましょ　一枚、二枚……」この縄跳び遊びを大切に伝承してほしいと願っています。

幼児期に体を使って数を吸収することは、最も大切なことの一つです。このプロセスを飛び越えて抽象的な数の世界へいくことのないようにしましょう。

核家族になる前は、兄弟が二人も三人もいる家庭が、多く存在しました。

おやつやケーキを等分に分け合うことは、日常の当たり前のことでした。

生活の中に、割り算や分数がまず登場するのです。等価性、比較級、最上級と、数の高等な理解が、生活の中ではしごく当然なものでした。

今日、兄弟姉妹がいなくても、お母さんやお父さんが参加すれば、この状態は実現できます。一人っ子だとあきらめないで、お母さんの工夫次第です。

＊　＊　＊

物の大きさの比較や最上級を認識する感覚は、「序列」を作る基本となります。

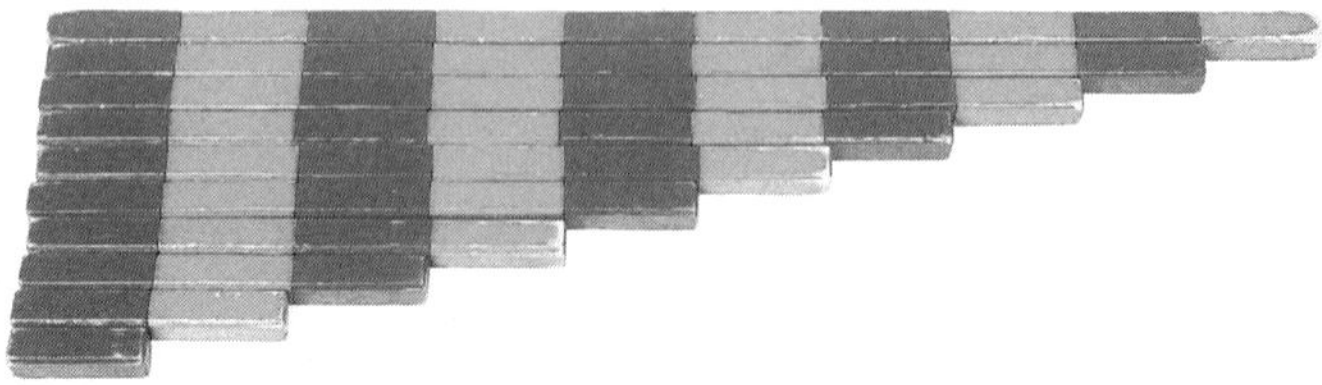

数の棒

最も大きな物から小さい物へ、順に並べることができる感覚は、「数」につながると言いました。

物が一個から十個へ順に並べられる時、そこには十進法の基本が現れます。

一から十までの序列を作る感覚認識が入り口となって、数の世界へ招かれるのです。

比較級、最上級を判別する感覚認識を年齢の早い時期から育むことは、将来の数学的頭脳を育むために不可欠のことと言えます。

幼児期、ご家庭でお母さんが子どもの潜在能力の発達を手伝える重要な点の一つです。

（2）具体物から抽象へ

●目と耳で始める数の導入

少々大きめの白いカード（一辺二十八センチの正方形の用紙）に、赤い玉のシール（直径二センチのシール）を貼って作る教材です。一には、赤い玉のシールを一個。十には、十個。百には、百個貼ります。ですから、百個の赤い玉を貼れる紙の大きさが必要になります。

八カ月の赤ちゃんから始めます。ご機嫌の良い時に、ほんの数分、子どもの前で一枚ずつめくって見せます。

たとえば、一から十までのカードを声を出してめくります。数日行って、次は十一から二十までに進み、十枚単位で見せ、百まで進みます。

赤ちゃんのカードを見る目に、集中力の表れをどの大人も体験します。

このカードを、通称「ドッツカード」と呼んでいます。アメリカのグレン・ドーマンさんの考案教材です。是非あなたの手作り教材で、お子さんと遊んでみてください。このカードの使い方は、発展します。六カ月で終わることはありません。

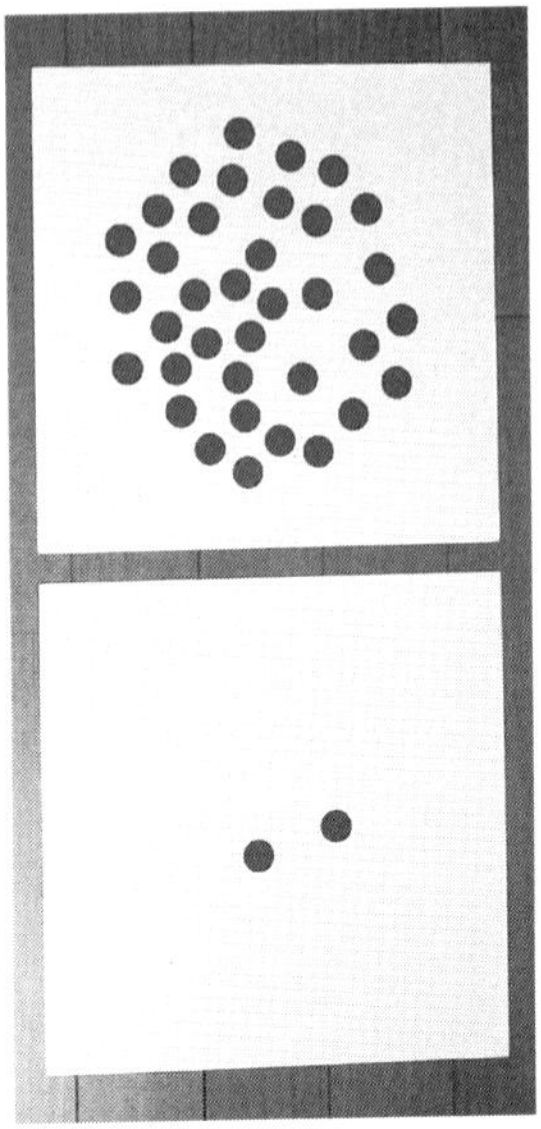

ドッツカード

●十進法を配慮した積み木（二歳）

二歳前後になると、積み木で遊ぶことが始まり、生活環境の中のものの大きさが、少しずつ見えてきます。大きなコップ、小さなコップ、お皿の大小、等々です。

ピンクタワー

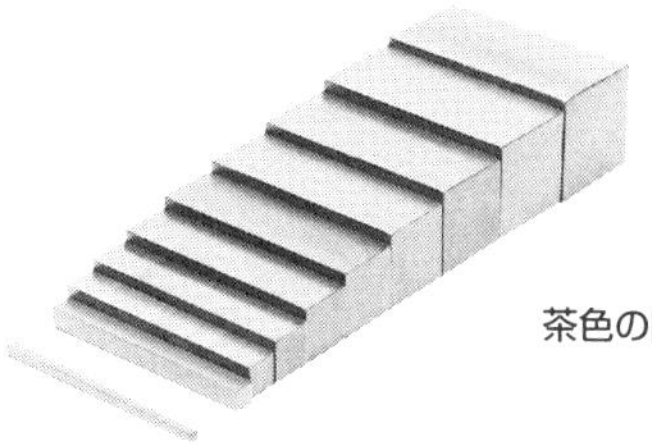

茶色の階段

赤い棒

そこで大きいものから小さいものへと十進法の配慮をされた遊具を準備してあげたいものです。

たとえば、1cm立方から10cm立方の積み木。直径が1センチから10センチまでの円柱。10cmから100cmまでの長い棒。子ども達は、遊びの中の感覚認識で序列を作るように導かれていきます。

●おはじき並べ（二歳から三歳）

一から十までの数字カードを作りましょう。

そのカードの下に、数字の数だけおはじきを並べます。一列に並べるのも良し。

二列に並べるのも良し。具体物が丸い点として抽象化されていきます。

●両手こそ最良の教材

数の概念は、幼児期に身体を通して学ぶことが大切と前述しました。片手で五、両手を合わせて十というのは、十進法を使う私たちにとって願ってもない教材です。子どもが幼ければ幼いほど指で数える行為を大切に育てましょう。この活動は、小学生になっても続きます。

縄跳びで数えるのと同様に、指で数える行為は、大切にしてあげてください。

●数の色ビーズを作ろう（3歳以上）

いつまでも手で足りるとは限りません。子どもたちは知的発達にしたがい、抽象の世界へ進み出していきます。そこで、まず助けになるのが「色ビーズ」です。

教材作り

はりがね。木製のビーズ。（手芸店で入手可能）
ラジオペンチで針金を切って作ります。
各十個ずつ作りましょう。

活動①（ビーズのみの活動。カードは使わない）

● ビーズを数えましょう。（1から10）
● ビーズに色を塗りましょう。

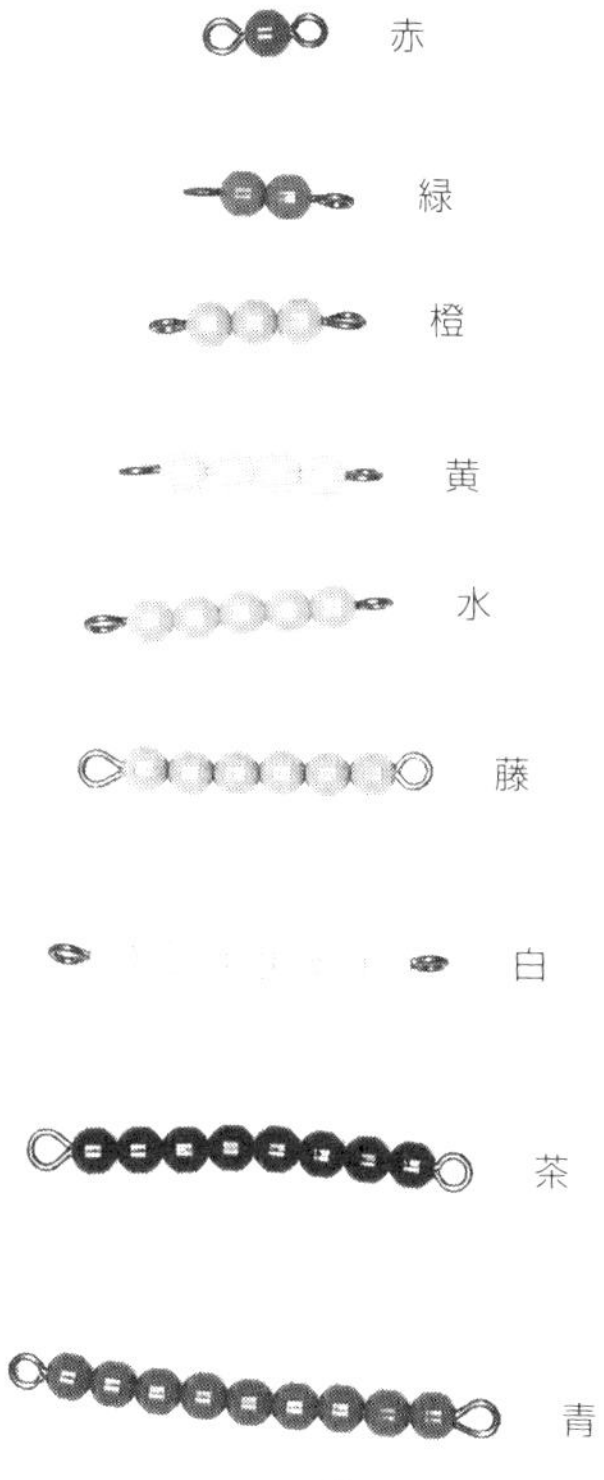

数の色ビーズ

活動②（ビーズのみの活動）

●10を作る遊び

（何と何で10になるか探そう）

数字カードは、あまり早く出さない方が良いでしょう。具体的な数（色ビーズ）を数え、よく遊んだ後に、数字という抽象へ進むのがステップです。

また両手を合わせると、指の数が十本になる私たちの身体認識から、十進法へ進めることができます。

色ビーズも、赤と青で十。緑と茶色で十。

十作りのゲームは、感覚認識をベースに進めることが大切です。具体物から、少しずつ抽象の世界へというルールを守ってください。

●たし算遊び（3歳以上）

小学生が使う六ますの算数ノートを使用して、数えることから導入してください。

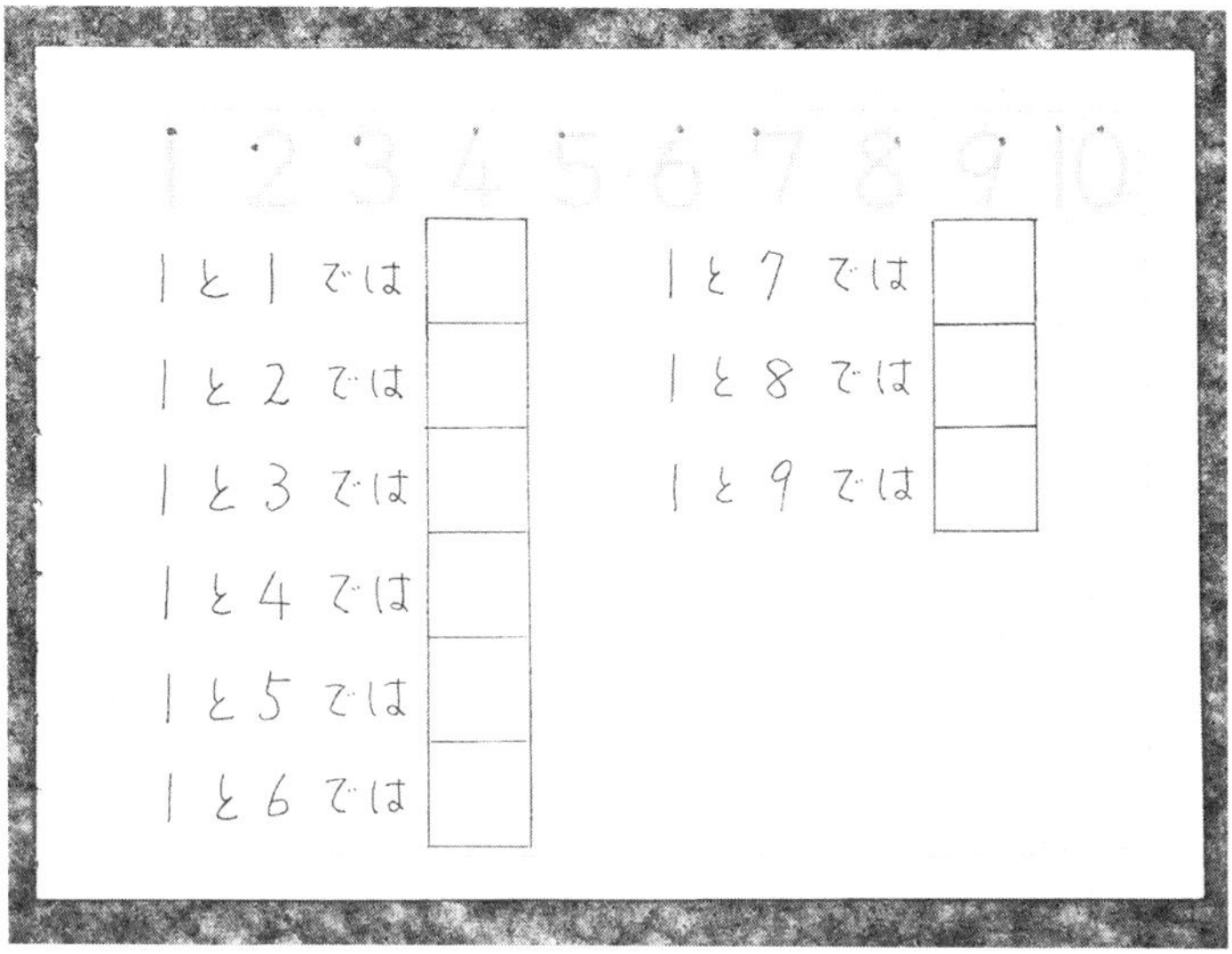

たし算遊び

まずは、数字の書き方の練習です。(数を数えること、数の概念の理解は、三歳から導入してください)

数字の書き方で、各数字の出発点に、赤い印を付けてあげると、子どもは書きやすいようです。

大きく書く。小さく書く。少しずつ練習してください。四歳から文字書きの導入が可能です。しかし個人差があります。子どもが始めたい時を待ちましょう。

まず、ノートに問題を書きます。

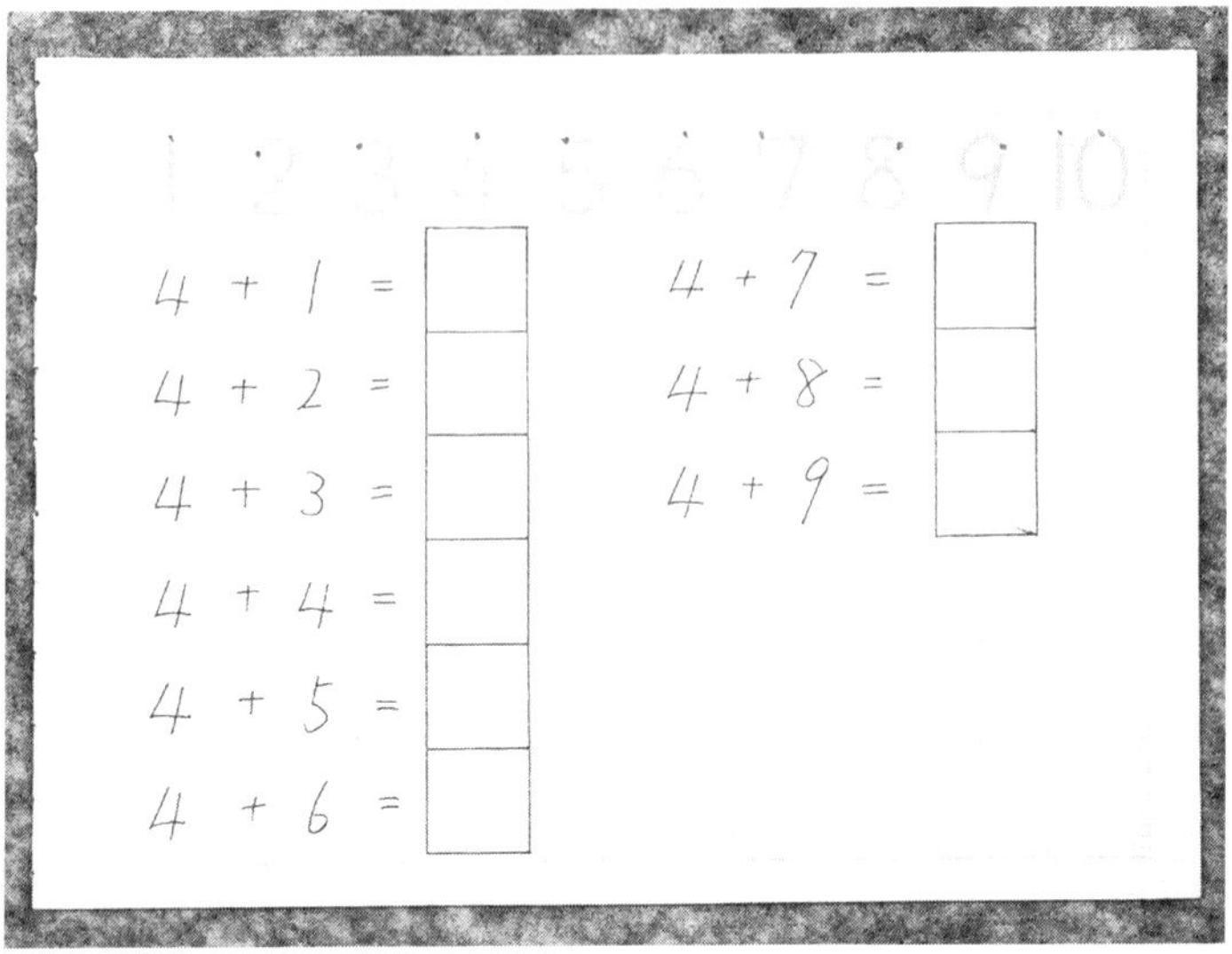

たし算遊び

答えの部分は、色鉛筆で四角を書いてあげてください。そこに答えを書きましょう。

さらに、2と1では、2と2では、2と3では、2と4では、……と続きます。

子どもの理解度を見て、ある日、問題の書き方を変えます。

「大きなお兄さん、お姉さんたちは、こう書いて、同じ様に足し算をするよ」と。

加える数、加えられる数は、9までとしてください。位が大きくならないためです。必ず、一つ一つの問題に対して、手作りビーズを並べて数えてください。

初めの間はお母さんがビーズを並べてあげるのも良いでしょう。子どもは少しずつ慣れていきます。全部終わると、お母さんが見てあげ、百点や花丸を付けてあげましょう。

もし訂正しなければならない時は、指示して、子どもと一緒にビーズを並べて数えましょう。多くは、集中して数えないために、誤りが起きます。この点は、気にしない、気にしない。気分が進まない時は、次の機会に続きからやりましょう。

終わりの時は、いつも必ず子どもの活動を褒めてあげましょう。

「よくがんばったね、また今度一緒にやろうね」

幼児の数の思考は、「連続数的に進む」ことを理解しておいてください。

たとえば、小学一年生の中に、暗算の段階に入っても、机の下で十本の手の指で数える子どもがたくさんいます。

抽象へ、暗算へ進めるために、教師は指による「数える行為」を禁止しますが、幼児の心理発達や数の理解を考えると、それが無理なことと分かります。

子どもは、具体的に、数を連続的に数えます。ある時（個人差があります）、抽象、暗算のステップへ進みます。それまでは具体的な数の領域を守ってあげましょう。具体物で数を数えるという体験を十分にしていないと、抽象の数の世界へは進めないのです。

だから幼児のビーズによる「十」作りが、後々大切になるのです。

＊＊＊

今日の小学校では、６＋８は、５の集合理論から、各数を分解します。６は５と１に。８は５と３に。したがって５＋５で10。１と３で４。ゆえに14という思考の流れで答えを導きます。

幼児期の子どもは、これとは異なります。

まず６を数え、続いて７・８……と８を数え、14に至ります。

答えは同じですが、プロセスが、異なります。連続的に数えないと不安なのが、幼児の心理です。それが正しいのです。「数の分解」や「５の集合」による「10」作りは、後にくる抽象作業と言えます。

幼児期に、具体物でたくさん数えることをしておくとこの抽象段階へスムーズに入っていけるのです。

●その他の遊び（四歳以上）

ビーズとカードを使って、十進法の四則（足し算、引き算、かけ算、割り算）をしっかりと伝えることが大切です。

（A）足し算は、小さな数を一緒にすると、大きな数になります。
（B）引き算は、大きな数から小さな数を取ると、小さな数になります。
（C）かけ算は、同じ数を何回か足すことによって、大きな数になります。
（D）割り算は、大きな数を、みんなに同じ数ずつあげることです。

ビーズとカードを使って、以上の原理を理解することです。

決して計算が速くできることを目的としてはなりません。なぜならこの活動での目的は、子どもの頭脳を数学的な頭脳に一歩一歩育むことだからです。

子どもの意欲と歩みにしたがって、微積分の入り口まで教材を準備しているのが、モンテッソーリ教育です。毎年、年長児が皆、同じレベルまで到達するとは限りません。人には、各々リズムがあるからです。

他の数の遊びは、またの機会にお話しできたらと思います。

手のひらのことば

16

　万事において、子どもにできることを、お母さんが代わりにやってあげることのないようにしましょう。

　子どもが自分でできることは、励まして、子どもにやってもらいましょう。

　難しいことは、お母さんがゆっくりとやってみせてあげてから、やらせましょう。
　できない時は、もう少し待ちましょう。

　家庭の中で、子どもに手伝ってもらえることは、大いにお願いしましょう。強制してはなりません。「お母さん、助かったわ。ありがとう」の一言が、子どもの心を大きくします。

おわりに

本書は、モンテッソーリ教育の実践から生まれた、子どもの潜在能力を見つけて伸ばす方法と考え方を、子どもの発達に従って述べたものです。どれも、家庭でお母さんが子どもと遊びながらできるものばかりです。
お子さんの、その時、その時の年齢に応じて、本書を開いてみてください。何かヒントになるものがあります。それは、子育ての実践と保育の実践から、子どもたちが教えてくれた数々の知恵です。お母さんの子育ての「知恵袋」としてくだされば幸いです。

何か心配や不安なことがあれば、いつでも連絡して（メールで）ください。お母さんの子育てのお手伝いができ、子どもたちの成長のためにお手伝いができればうれしく思います。

「手のひらのことば」は、折にふれて読んでいただければ、と思います。何かしら、思い当たることや新しい発見があるかもしれません。
最近、公的な発達検診（一歳半や三歳の）を受けた後に、非常に不安になるお母さんの相談を受けることが多くなりました。
お母さんは、自分の子育てに自信を持ってください。平均値も大切ですが、様々の発達リズムを持っているのが子どもです。わが子の特性をよく理解した上で、その子のリズムを大切にしてあげましょう。子どもの発達の多様性を見失わないことも、お母さんの知恵袋のひとつだと思います。

この本の出版にあたり、大変お世話になった、㈱出版館ブッククラブの五郎誠司さんに、心からお礼申し上げます。また、やさしく書けない筆者を、絶えず指導し続けてくださった、編集者の四十塚佑二さんに感謝申し上げます。いつも書く力を与え続けてくれた、子どもたちに感謝、感謝です。

二〇〇五年八月

松村禎三

松村禎三
（まつむら・ていぞう）

1941年生まれ。上智大学哲学部および神学部卒業。
AMIの国際ディプロマ取得。
松村教育研究所およびオープンモンテッソーリ教育教師トレーニングセンター所長。同付属チェレギーノ子どもの家園長。長年にわたり、犯罪少年、不登校児、家庭内暴力児、LD児のカウンセラーをつとめている。また、「フリースクールを作る会」を主宰し、今までになかったまったく新しい「学校」の設立を目指している。元短期大学講師。
【監修】『「モンテッソーリ教育」で子どもの才能が見つかった！』（坂井泉・著：中央アート出版）
お問合せは、
〒167-0031 東京都杉並区本天沼2-22-6
http://www.alpha-net.ne.jp/users2/matueduc/
Eメール：matueduc @m08.alpha-net.ne.jp

見つける！伸ばす！幼児の潜在能力

2005年10月1日　初版発行

著者　松村禎三
発行者　五郎誠司
発行所　株式会社出版館ブック・クラブ
〒101-0052
東京都千代田区神田小川町3-9-6　EIKOビル2F
Tel 03-5282-5112 Fax 03-5282-5113
郵便振替 00190-8-445352
本文イラストと写真（スナップを除く）　今井明甫
印刷・製本　株式会社平河工業社

ISBN4-915884-60-0